A OUTRA MÃO INVISÍVEL

JULIAN LE GRAND

A OUTRA MÃO INVISÍVEL

A oferta de serviços públicos
em regime de concorrência

Actual Editora
Conjuntura Actual Editora, S.A.
Rua Luciano Cordeiro, n° 123- 1ºesq.
1069 157 Lisboa
Portugal

Tel: (+351) 21 3190240
Fax: (+351) 21 3190249

www.actualeditora.com

Título original: *The Other Invisible Hand*
Copyright © 2007 by PRINCETON UNIVERSITY PRESS

Autor: Julian Le Grand

Edição original publicada pela Business Plus, Hachette Book Group USA, Inc. Publicado segundo contrato com Grand Central Publishing, New York, USA.

Edição: Actual Editora – Novembro 2010

Todos os direitos para a publicação desta obra em Portugal reservados por Conjuntura Actual Editora, S.A.
Tradução: Fabrico Próprio, Lda / António Rodrigues
Revisão: Jorge Palinhos
Design **da capa:** FBA
Paginação: Gráfica de Coimbra, Lda
Gráfica: Gráfica de Coimbra, Lda
Depósito legal: 319117/10

Biblioteca Nacional de Portugal - Catalogação na Publicação

LE GRAND, Julian

A outra mão invisível : a oferta de serviços públicos em regime de concorrência. - (Extra-colecção)
ISBN: 978-989-8101-95-2

CDU 338

Nenhuma parte deste livro pode ser utilizada ou reproduzida, no todo ou em parte, por qualquer processo mecânico, fotográfico, electrónico ou de gravação, ou qualquer outra forma copiada, para uso público ou privado (além do uso legal como breve citação em artigos e críticas) sem autorização prévia por escrito da Conjuntura Actual Editora.
Este livro não pode ser emprestado, revendido, alugado ou estar disponível em qualquer forma comercial que não seja o seu actual formato sem o consentimento da sua editora.

Vendas especiais:
O presente livro está disponível com descontos especiais para compras de maior volume para grupos empresariais, associações, universidades, escolas de formação e outras entidades interessadas. Edições especiais, incluindo capa personalizada para grupos empresariais, podem ser encomendadas à editora. Para mais informações contactar Conjuntura Actual Editora.

À memória da minha mãe

ÍNDICE

	Agradecimentos	11
	Introdução	13
Capítulo 1	Os fins e os meios	17
Capítulo 2	Escolha e concorrência	45
Capítulo 3	Educação escolar	67
Capítulo 4	Cuidados de saúde	93
Capítulo 5	Novas ideias	121
Capítulo 6	As políticas de escolha	147
Posfácios	Alain Enthoven: Uma perspectiva americana	159
	David Lipsey: Uma perspectiva céptica	163
	Leituras recomendadas	169
	Bibliografia	171
	Notas	181

Agradecimentos

FORAM MUITAS AS PESSOAS QUE ME AJUDARAM NA ESCRITA deste livro e no trabalho em que é baseado. Tenho uma dívida intelectual significativa para com Alain Enthoven, cujos primeiros estudos sobre o Serviço Nacional de Saúde britânico inspiraram muitas das reformas que são aqui analisadas. Alain acedeu gentilmente a escrever um posfácio no qual assinala a relevância da análise que o livro faz dos problemas dos EUA com os serviços públicos e, por conseguinte, a sua relevância para os leitores americanos. E com isto o benefício adicional de mostrar que os argumentos do livro podem ser aplicados fora do contexto britânico, aumentando, assim, a sua relevância para outros países.

Outra pessoa a quem estou muito agradecido é David Lipsey, um dos mais respeitados críticos do alargamento da escolha no sector público (britânico). Também ele aceitou gentilmente ceder parte do seu tempo para escrever um posfácio, oferecendo críticas ponderadas a alguns dos argumentos do livro. Embora a disponibilização de posfácios como este seja um pouco estranho, espero que os leitores os considerem complementos úteis, interessantes e agradáveis ao texto principal.

Outras pessoas do mundo académico e não só que ajudaram imenso no meu entendimento dos assuntos em causa incluem Nicholas Barr, Gwyn Bevan, Geoffrey Brennan, Simon Burgess, Harry Caton, Zachary Cooper, Anna Dixon, Keith Dowding, John Glasby,

Howard Glennerster, Nicola Lacey, Tony Laurance, Damaris Le Grand, Carol Propper, Anne West e David Willetts. Muitas destas pessoas forneceram-me comentários úteis em relação a vários capítulos ou em relação ao manuscrito como um todo. Estou grato a David Chater e Alistair Pettigrew por me permitirem utilizar, no capítulo 5, conteúdos que desenvolvi em conjunto com eles. Ruth Robertson deu-me uma ajuda preciosa na pesquisa de um ponto-chave do livro. Os editores do *Political Quaterly* autorizaram-me a utilizar conteúdos no capítulo 6 que eles próprios também publicaram. E estou profundamente agradecido ao meu editor na Princeton University Press, Richard Baggaley, pelo seu apoio, incluindo a persistência gentil em garantir que o manuscrito seria terminado.

Também tenho de agradecer às pessoas com quem trabalhei nas misteriosas instituições governamentais e com quem aprendi enormemente. Estou particularmente agradecido a Andrew Adonis, que foi quem no princípio arranjou maneira de me pôr a trabalhar no Directório de Políticas do Número 10 de Downing Street[1], e que tem feito mais para iniciar, desenvolver e implementar as reformas educativas dos trabalhistas, incluindo aquelas que dizem respeito à escolha e à concorrência, do que qualquer outra pessoa. Também estou muito agradecido às pessoas com quem trabalhei nesse extraordinário ambiente, especialmente Simon Stevens, o meu antecessor como conselheiro para a saúde e uma fonte inigualável de conhecimentos e sabedoria sobre os serviços de saúde e Paul Corrigan, um dos meus sucessores como conselheiro para a saúde; Ken Anderson, Nigel Crisp, Dominic Hardy, Simon Leary, Barry McCormick e Tim Wilson, na altura, todos no Departamento de Saúde; Michael Barber e Adrian Masters, então na Unidade de Prestação do primeiro-ministro; Will Cavendish e Peter Brant na Unidade de Estratégia do primeiro-ministro; os ministros com quem trabalhei, incluindo John Reid e John Hutton; e por último, mas claro que não menos importante, a um grande primeiro-ministro, Tony Blair, que tão generosamente me deu a oportunidade de trabalhar com ele num programa radical de reformas do serviço público que inspirou e liderou de forma tão eficaz.

Introdução

Pergunte-se às pessoas o que pretendem do dinheiro gasto em saúde e educação e a resposta será simples: um bom serviço. Algumas vezes, acrescentarão que gostariam que esse serviço estivesse à porta de casa: um serviço bom e local. Uma escola de grande qualidade; um médico de família atencioso e com capacidade de atendimento; um hospital regional de topo.

Este pequeno livro é sobre como se podem atingir melhor esses fins. Analisa quatro formas de o fazer: confiança, onde se confia nos profissionais, gestores e outros que trabalham nos serviços públicos para que prestem um serviço de alta qualidade; gestão por objectivos e avaliação de desempenho, uma versão da qual é muitas vezes denominada comando e controlo, onde esses trabalhadores são instruídos ou por outros meios orientados por uma autoridade superior para prestar um bom serviço; voz, onde os utentes dos serviços públicos comunicam directamente as suas perspectivas aos prestadores de serviços; e a "mão invisível" da escolha e concorrência, onde os utilizadores escolhem o serviço que querem de entre as ofertas dos diferentes prestadores.

O livro não defende a utilização de uma destas formas de prestação de serviços públicos por total exclusão das outras. Pelo contrário, sustenta que todas têm os seus méritos e, em consequência disso, todas têm o seu lugar na prestação de serviços públicos. No entanto, também aponta as desvantagens de cada sistema. E reúne dados e teorias para argumentar que, na maioria das situações, os serviços cujos sistemas de prestação incorporam suficientes elementos de escolha e concorrência são os que têm melhores perspectivas de prestarem um bom serviço local. Sistemas como estes, se forem planeados adequadamente, proporcionarão serviços de alta qualidade, com melhor atendimento e mais eficientes do que os que se baseiam, em primeiro lugar, na confiança, no comando e controlo ou na voz. Além disso – ao contrário das convicções académica e geral –, também serão mais equitativos ou socialmente justos.

O livro desenvolve alguns dos argumentos que apresentei num livro anterior, *Motivation, Agency and Public Policy*, do qual é, de certa maneira, um sucessor natural (Le Grand, 2003). Embora esteja também baseado no meu trabalho enquanto alto conselheiro político do primeiro-ministro no número 10 de Downing Street, a quem tive o privilégio de auxiliar durante dois anos.

A minha nomeação para o número 10 significou que, tal como assinalou um simpático comentador do meu livro, teria de cumprir o prometido. O governo do então primeiro-ministro Tony Blair estava a preparar reformas do sector público que há muito eu vinha advogando. Portanto, estava nessa altura numa posição de ter de defender essas ideias na esfera da política e da definição de medidas. Também tinha de ajudar a colocá-las em prática e enfrentar as difi-culdades técnicas e políticas que a sua implementação implica. Já não me podia esconder por trás de uma camada de distanciamento académico; não podia passar as questões difíceis a outros para que lidassem com elas; se surgisse um problema técnico ou político, não poderia simplesmente ignorá-lo, tinha de pensar numa forma de lidar com ele.

E é essa experiência que ditou o conteúdo e a estrutura deste livro. Uma das críticas levantadas às reformas envolvendo escolha e concorrência que estavam a ser levadas a cabo pelo governo Blair, especialmente no Serviço Nacional de Saúde (SNS) e no sistema educativo, prendia-se com a sua incoerência: uma confusão de artifícios políticos mal pensados com pouca sustentação teórica ou prática. Na verdade, as reformas tinham origem numa compreensão bem fundamentada

INTRODUÇÃO

dos problemas envolvidos na prestação de serviços públicos e, em particular, as dificuldades em prestá-los através de formas ou modelos que *não* incluíssem elementos de escolha e concorrência – incluindo a confiança, o comando e controlo e a voz. Por isso pareceu-me importante delinear tais problemas aqui e é isso que faço no capítulo 1. Nele abordo os fins ou objectivos dos serviços públicos e aprofundo alguns dos problemas suscitados pela tentativa de os atingir através da confiança, do comando e controlo e da voz.

O capítulo 2 desenvolve os argumentos gerais de defesa do alargamento da escolha e da concorrência nos serviços públicos. E dá uma resposta a alguns argumentos lançados contra as referidas políticas, aqueles com que frequentemente me deparei durante a minha etapa no governo: de que as pessoas não querem escolher, de que a escolha é uma obsessão da classe média e que a escolha ameaça a esfera pública.

Embora não tenha mudado de ideais em relação ao mérito geral do modelo da escolha e concorrência na prestação de serviços públicos, outra consequência do meu trabalho no número 10 foi o de ter afinado a minha percepção de alguns dos problemas envolvidos na sua aplicação prática. E isso deu forma aos capítulos 3 e 4, onde se olha para esses problemas no contexto da educação e dos cuidados de saúde e se sugerem algumas formas de os ultrapassar.

O capítulo 5 olha para possibilidades de ir para além das actuais políticas e alargar as ideias fundamentais a áreas onde raramente foram aplicadas. Concentra-se em três propostas específicas, cada uma delas desenvolvendo um aspecto das discussões anteriores: orçamento para pacientes nos cuidados de saúde, um bónus de desvantagem na educação e um novo tipo de prestador de serviços para a assistência social de crianças.

Finalmente, o capítulo 6 fornece uma breve visão geral de algumas políticas associadas à escolha e à concorrência. Analisa algumas das posições assumidas habitualmente por algumas figuras políticas fundamentais e outros grupos de interesse em relação a esta matéria e discute a forma como podem ser encarados os argumentos relevantes. Mais uma vez, isto deriva em grande parte do meu trabalho no governo, de que uma componente fundamental era fazer compreender que a fonte essencial das objecções à reforma dos serviços públicos tinha a ver sobretudo com a tentativa de lidar com eles.

Uma nota sobre a terminologia. A expressão "serviços públicos" pode significar muitas coisas, incluindo a sua interpretação literal como serviços para o público. É muitas vezes usada em referência específica aos serviços que são de importância fundamental para o público, como educação, cuidados de saúde, assistência social, habitação e transporte. E habitualmente implica serviços para os quais existe alguma forma de intervenção do Estado ou do governo, seja no financiamento, na prestação, na regulamentação ou nas três.

Aqui uso o termo tanto no sentido da sua importância fundamental como (numa forma) de intervenção do Estado. Levo em linha de conta, essencialmente, os serviços de saúde e de educação, com alguma atenção à assistência social. E levo em linha de conta, em parte, esses serviços financiados total ou essencialmente pelo Estado. As fontes de financiamento podem ser os impostos em geral ou algum tipo de imposto hipotecário como um seguro nacional ou social. O Estado também pode prestar o serviço em parte ou na sua totalidade, ou regulamentar a sua prestação; mas estas não são condições necessárias para ser considerado serviço público.

Vale a pena salientar que muitos dos argumentos aqui apresentados podem ser aplicados a outros serviços públicos para além da educação, da saúde ou da assistência social. E alguns deles referem-se a qualquer organização prestadora de serviços, financiada pelo sector público ou privado.

O livro pretende interessar à maior audiência possível e está escrito naquilo que, espero, seja um estilo acessível. O jargão foi evitado ao máximo. As referências usam o formato abreviado de autor, data, sendo a informação detalhada fornecida na bibliografia. Para aqueles que pretendam aprofundar o assunto existe uma secção breve com leituras recomendadas.

CAPÍTULO I

Os fins e os meios

Tal como foi referido no capítulo anterior, quando considera os serviços financiados pelo sector público, como a saúde e a educação, a maioria das pessoas quer apenas um bom serviço. Mas o que é exactamente um bom serviço? E como é que o conseguimos? Dito de uma forma mais precisa, quais são os *fins* que estamos a tentar alcançar com os nossos serviços públicos e quais são os *meios* para alcançar esses fins? E quais são as vantagens e desvantagens de determinados meios para alcançar determinados fins? Este capítulo e o próximo tratam destas questões de uma maneira geral, reservando-se os capítulos mais à frente para uma discussão detalhada dos casos especiais (mas importantes) da saúde e da educação.

Fins

Existem muitas interpretações possíveis sobre o que constitui um bom serviço público ou, de uma forma mais geral, sobre o que são os fins ou os objectivos dos serviços públicos. Aliás, possivelmente uma das razões pelas quais os debates sobre os vários meios ou modelos para prestar serviço público são tão controversos não tem a ver com a disputa entre a eficiência ou não desses meios para alcançar determinados fins mas com divergências sobre a conveniência dos próprios fins.

De qualquer forma, defendo que existem pelo menos cinco atributos básicos, cuja posse constitui um bom serviço público. São eles: que o serviço deve ser de alta *qualidade*; que deve funcionar e ser gerido *eficientemente*; que deve *ter capacidade para responder* às necessidades e desejos dos utentes, ao mesmo tempo que *presta contas* aos contribuintes; e, por último, mas igualmente importante, o serviço deve ser prestado *equitativamente*.

Qualidade

Tal como em relação a todos os fins que discutimos neste capítulo, existem muitos significados possíveis para o termo "qualidade" no contexto dos serviços públicos. Pode ser definido em termos de "*inputs*" desses serviços, como o número e o tipo de funcionários que lá trabalham: o nível e o grau de especializações dos profissionais médicos num hospital ou as qualificações e a experiência dos professores numa escola. Outros *inputs* podem incluir o tamanho e estado das instalações do serviço: o número de camas de hospital, o número de alunos por turma, a idade dos edifícios relevantes. Em segundo, a qualidade pode ser interpretada em termos do "processo" de prestação do serviço, como a cortesia ou a consideração com que os utentes são tratados ou a quantidade de tempo que têm de esperar pelo serviço. Por outro lado, pode ser medida em termos de "outputs" ou de "actividades" empreendidas no processo de prestar um serviço – como o número de operações realizadas num hospital ou o número de crianças que fazem exames numa escola. Finalmente, a qualidade pode ser definida em termos de "consequências" resultantes da utilização desse serviço – como a melhoria da saúde dos pacientes resultante do tratamento médico ou a aquisição de conhecimentos como a numeracia, a literacia e as competências analíticas de alto nível resultantes da frequência escolar.

Dentre estas interpretações possíveis de qualidade, as duas mais importantes para os utentes dos serviços públicos são, provavelmente, as relacionadas com o processo, especialmente a cortesia, a consideração e a velocidade com que são tratados, e as relacionadas com as consequências, especialmente a melhoria da saúde e a aquisição de conhecimentos. No entanto, ironicamente, as duas que são mais usadas na prática são os inputs e os outputs – em grande parte porque são os que se podem medir mais facilmente([2]). De facto, é muitas vezes difícil destrinçar todos estes elementos, especialmente a nível geral, e não o vamos tentar fazê-lo aqui. Basta dizer que em diferentes momentos do debate sobre a prestação de serviço público é provável que cada um deles seja importante e tentaremos clarificar qual está a ser considerado a cada momento.

Eficiência

A eficiência, frequentemente tida como preocupação de contabilistas e economistas mesquinhos, tem tendência a receber críticas negativas nos debates académicos e populares. A preocupação com o dinheiro que se gasta nos serviços públicos contrasta desfavoravelmente com aquilo que é entendido como sendo as preocupações mais legítimas sobre as consequências desses serviços para a saúde, a educação ou o bem-estar dos indivíduos e das famílias. A definição de cínico de Oscar Wilde é muitas vezes aplicada a contabilistas e economistas: pessoas que sabem o preço de tudo e o valor de nada([3]).

No entanto, devidamente definida, a eficiência é um elemento essencial de um bom serviço público. Porque um serviço eficiente é aquele que presta a maior qualidade e quantidade possível desse serviço com um determinado nível de recursos. Os serviços ineficientes, onde os recursos são mal utilizados ou desperdiçados, são aqueles que diminuem os níveis gerais de saúde, educação ou bem-estar em comparação com aquilo que poderiam ser. O verdadeiro "preço" de um serviço não é o dinheiro gasto a prestá-lo: é o dos outros serviços que poderiam ser prestados se o dinheiro não tivesse sido gasto dessa maneira. É aquilo a que os economistas chamam "custo de oportunidade" da prestação do serviço: as oportunidades que poderiam ter sido exploradas se os recursos não tivessem sido usados pelo referido serviço.

Portanto, aqueles que usam o aforismo de Wilde para criticar economistas, contabilistas e outros que se preocupam com a eficiência estão equivocados. Porque saber o preço de algo não significa que nada se sabe sobre valor. Efectivamente, quer dizer exactamente o contrário: significa saber o valor daquilo de que se abdica por pagar esse preço e comparar esse valor com o valor do serviço que está a ser comprado. Não é tão perfeita como a afirmação de Wilde. Mas esse conhecimento é essencial se queremos obter a maior quantidade e a melhor qualidade de serviços públicos a partir dos recursos que neles injectamos. Porque se pagamos um preço demasiado alto – se abdicamos de coisas de valor mais alto do que aquele que estamos realmente a receber – não estamos a ter o melhor serviço possível e as pessoas sofrerão as consequências.

Atendimento e Prestação de Contas

Pode parecer razoavelmente incontestável afirmar que um bom serviço público é capaz de atender as necessidades e desejos dos utentes. Na verdade, um atendimento deste género é, possivelmente, um elemento essencial naquilo que constitui a qualidade nos serviços públicos; e o conceito pode ser integrado dentro da ideia geral de qualidade e não ser considerado separadamente, como acontece aqui. No entanto, uma das maiores críticas aos serviços públicos em muitos países tem sido a sua aparente incapacidade de responder aos seus utentes. Por conseguinte, parece desejável mencionar separadamente o atendimento na lista de fins possíveis para esses serviços.

Na prática, ao atendimento como fim pode ser dada uma justificação filosófica mais sólida a partir daquilo a que o filósofo Albert Weale descreveu como "o princípio de autonomia igualitária" (Weale, 1983, p. 42)([4]). Este define-o como:

> todas as pessoas são merecedoras de respeito como agentes deliberativos e dotados de propósito capazes de formular os seus próprios projectos e como parte desse respeito existe uma obrigação governamental de estabelecer ou preservar as condições nas quais esta autonomia pode ser realizada.

Ser capaz de responder às necessidades e desejos dos utentes pode ser visto como um elemento essencial para respeitar os "utentes deliberativos e dotados de propósito". Para usar uma metáfora que empreguei noutro lado, o princípio da autonomia requer que os utentes não sejam tratados como peões – as peças mais fracas no tabuleiro de xadrez – mas como a peça mais poderosa, a rainha (Le Grand, 2003).

Porém, existem algumas qualificações para este princípio. Nada é cobrado aos utentes da maioria dos serviços públicos do tipo que estamos aqui a considerar. Parte significativa da educação e dos cuidados de saúde são proporcionados gratuitamente onde necessário. Portanto, os utentes não se vêem confrontados com o preço ou custo de oportunidade dos serviços que consomem. E pode ser que, por vezes, se dê o caso de o custo de oportunidade de utilização do serviço para o resto da comunidade seja superior ao benefício resultante da sua utilização. Nesses casos, como a sociedade está composta por aqueles e pelo resto da comunidade, há um prejuízo líquido para a sociedade no seu conjunto.

Dito de outra forma, considerações sobre atendimento ou mesmo o princípio da autonomia não podem dominar sempre as considerações de eficiência, especialmente num mundo onde não se cobra às pessoas pelos serviços que utilizam. Porque pode dar-se o caso de que alguns desejos dos utentes sejam relativamente triviais e que os recursos possam ser mais bem empregues noutro lado, atendendo a desejos mais urgentes de outros.

O tema do pagamento levanta uma outra questão. Será que os serviços públicos devem não só atender as necessidades e desejos dos seus utentes – que, na maioria dos casos, não pagam directamente pelo serviço – mas também atender as necessidades e desejos daqueles que *estão* a pagar por eles: os contribuintes? A prestação de contas aos contribuintes não é normalmente tida em conta, sendo antes integrada no âmbito mais lato da prestação de contas. Assim, outra forma de colocar a questão é perguntar até que ponto as considerações sobre o atendimento dos utentes devem sobrepor-se à prestação de contas aos contribuintes?

Claro que, quase por definição, a maioria dos contribuintes utilizarão os serviços públicos "universais" em algum momento da sua vida; e muitos dos utentes de serviços públicos pagam impostos, directamente através do imposto sobre o rendimento e indirectamente através do IVA ou os impostos de consumo como os referentes ao álcool e ao tabaco. Portanto, é improvável que as preferências dos cidadãos de um Estado no seu papel de contribuintes sejam muito diferentes das suas preferências como utentes. Na maioria dos casos, é provável que tanto os contribuintes como os utentes queiram um alto padrão nos serviços prestados, que sejam geridos eficientemente e que atendam as necessidades e desejos dos utentes.

No entanto, existem muitas ocasiões em que os interesses dos utentes e dos contribuintes diferem. A redistribuição geográfica ou outras formas de redistribuição de recursos em nome da igualdade pode levar a que os contribuintes de uma parte do país subsidiem os utentes do serviço público noutra. Aqueles que visitam um país ou os imigrantes recentes podem utilizar os serviços públicos tendo pago uma quantidade pequena de impostos. E estas diferenças podem, uma a uma, gerar diferenças de preferência para a prestação de serviços entre contribuintes e utentes que nem sempre serão fáceis de integrar. Em resumo, é provável que a prestação de um serviço público possa deparar-se com algumas tensões entre corresponder às exigências de atendimento dos utentes e corresponder às da prestação de contas ao contribuinte.

Equidade

A equidade – ou seus sinónimos aproximados, a justiça social e a justeza – é obviamente um elemento-chave em qualquer bom serviço público. De facto, para muitas pessoas é a razão pela qual serviços como os cuidados de saúde e a educação estão, afinal de contas, no domínio público. Se, em virtude do seu rendimento, da sua classe social, do seu género ou etnicidade, alguns pacientes têm acesso preferencial aos cuidados de saúde ou alguns pais têm um acesso preferencial à educação para os seus filhos, então isto é geralmente visto como injusto ou iníquo. E, nesse sentido, nenhum serviço público deve ser iníquo.

Mais uma vez, temos de acrescentar algumas qualificações. Noutro lado argumentei que as diferenças na situação dos indivíduos resultantes de factores que estão para lá do seu controlo devem ser tratadas de forma diferente das que resultam de factores ampla ou completamente sob seu controlo. Logo, por exemplo, um indivíduo rico que escolhe viver numa área rural remota não tem o direito de exigir o mesmo acesso fácil aos serviços médicos ou a escolas que deve imperar no resto do país – pelo menos não com base na equidade([5]). Mas, no geral, a noção de que um bom serviço público é aquele em que existe, grosso modo, acesso igual para todos, independentemente do estatuto social ou económico ou de outras diferenças irrelevantes para a necessidade do serviço, é importante e relativamente incontroverso.

Compromissos

Vimos na discussão sobre o atendimento ao utente e a prestação de contas ao contribuinte que nem sempre será possível satisfazer simultaneamente todos as exigências de ambos. O mesmo se poderá dizer dos outros fins discutidos aqui. Em alguns casos e em algumas situações poderá ter de haver compromissos entre os fins a atingir na prestação do serviço. Assim, por exemplo, pode não ser possível – na verdade, quase de certeza que não é possível – prestar um serviço com a máxima qualidade, acessível a todos em todo o país. Tal como vimos, os serviços que atendem totalmente as necessidades e desejos de alguns indivíduos podem não ser muito eficientes em termos dos interesses da comunidade no seu todo. A equidade ou o tratamento justo para os trabalhadores dos serviços públicos pode nem sempre coincidir com as exigências de serviços capazes de atender as necessidades e desejos dos utentes. E assim sucessivamente.

A noção de que pode haver um compromisso entre fins é algo que muitas pessoas exteriores à política têm dificuldade em admitir. Em parte porque esses fins estão associados a valores morais e a ideia de estabelecer um compromisso entre diferentes tipos de reivindicações morais não é fácil de entender ou de aceitar. Porém, esses compromissos são um facto inelutável da formação e desenvolvimento de políticas e têm de ser reconhecidos como tal. Nenhum serviço público conseguirá satisfazer com êxito todos estes fins diferentes; e, por conseguinte, nenhuma forma de prestação de serviço público será perfeita. Mas existem, igualmente, outras razões para que os meios de prestação de serviços não possam ser perfeitos. E é para essas que nos voltamos agora.

Meios

Fundamentalmente, existem quatro meios ou "modelos" de prestar serviço público para atingir os fins detalhados na secção anterior. Existem modelos que dependem da *confiança*: onde se confia que os profissionais e os outros que trabalham nos serviços públicos prestem um bom serviço, sem interferências do governo ou de qualquer outro. A seguir, existem os modelos de *comando e controlo* (também conhecidos como hierárquicos), onde o Estado ou uma agência do Estado se empenha na prestação do serviço através de uma hierarquia administrativa onde os gestores de topo dão ordens ou instruções aos subordinados sobre essa prestação. Uma das versões é conhecida como *gestão por objectivos e avaliação de desempenho*; esta tem sido amplamente usada nos últimos anos, especialmente na Grã-Bretanha, e será o foco da nossa discussão aqui, sintetizado sob o título de objectivos. A seguir estão os modelos baseados na *voz*, onde os utentes tentam conseguir um bom serviço comunicando as suas perspectivas através de uma série de formas directamente ao prestador de serviços, desde o contacto cara a cara com profissionais até a reclamações que fazem chegar aos representantes eleitos. Finalmente, existem modelos que dependem da *escolha* do utente, com ou sem *concorrência*, através dos quais os utentes podem escolher de um leque de diferentes prestadores de serviços que podem concorrer entre si pelo cliente.

A seguir examinamos os méritos e deméritos destes modelos. Neste capítulo avaliamos a confiança, o comando e controlo e a voz; no próximo capítulo, a escolha e concorrência. Um último ponto antes de o fazermos. Na prática, virtualmente todos os sistemas de prestação de serviço público utilizam uma combinação de todos os modelos e, como veremos, há uma boa razão para isso. Em consequência, o debate sobre qual o "melhor" modelo não tem a ver com a substituição de um modelo integralmente por outro. Porém, para o nosso objectivo aqui, é útil distinguir conceptualmente os quatro modelos. Pois cada um tem as suas vantagens e desvantagens e é muito mais fácil ver isso se os modelos forem levados em conta de forma isolada entre si.

Confiança

A ideia básica por trás do modelo da confiança é simples. O governo estabelece o orçamento geral para o serviço; aqueles que prestam o serviço gastam-no como querem. Os prestadores são habitualmente profissionais disto ou daquilo – médicos, enfermeiros, directores de escola, assistentes sociais – e ao gastarem o orçamento confia-se que o façam, numa palavra, profissionalmente. Ou seja, presume-se que irão distribuir os recursos de maneira a alcançar os objectivos de um bom serviço: um serviço que seja eficiente, com capacidade de atendimento, responsável, equitativo e de alta qualidade.

Sob o modelo da confiança, assume-se normalmente que os profissionais e outras pessoas dos serviços públicos trabalhem em colaboração uns com os outros, seja informalmente ou através de redes mais formais. Daí que este seja por vezes conhecido como modelo de "rede" ou colaborativo. No entanto, o modelo da confiança é na verdade muito mais amplo do que isto, porque depende da confiança nos profissionais em todas as situações, estejam ou não a trabalhar colaborativamente em rede.

Este modelo tem muitas vantagens como forma de prestar serviço público. Por razões óbvias, as pessoas que trabalham nos serviços gostam dele, especialmente os profissionais. A formação destes últimos encoraja-os a pensar em si como independentes e autónomos, trabalhando em ambientes com pouca hierarquia de gestão e poucas pessoas a dizerem-lhe o que fazer. Têm a liberdade de organizar as suas vidas como querem e de prestar o serviço da maneira que julguem apropriada; e é uma liberdade da qual, compreensivelmente, gostam.

Também tem vantagens do ponto de vista daqueles que fazem as políticas e, sem dúvida, do lado dos utentes dos serviços. A motivação relativamente elevada dos profissionais sob este modelo pode torná-los mais produtivos. Além disso, como iremos ver, um dos grandes problemas com alguns dos outros modelos é que provavelmente precisam de algum tipo de monitorização da qualidade do serviço que se presta, monitorização que tem de ser feita pelo governo ou pelos próprios utentes. A qualidade em muitas áreas de serviço público é difícil de avaliar, especialmente se for definida em termos de resultados. Portanto, a monitorização efectiva, se é que isso é possível, pode ser muito custosa em termos de recursos, assim como desmoralizante e desmotivadora para os destinatários do processo. Qualquer modelo que aparentemente possa evitar a necessidade dessa monitorização é, consequentemente, susceptível de ser mais produtivo do que aqueles que não o possam fazer, isto quando tudo o resto é igual. E, num sentido moral abrangente, um sistema que parece confiar nas pessoas que nele trabalham é mais atraente – e até talvez mais admirável – do que outro que recorre a uma monitorização constante e a uma pesada supervisão daqueles que nele trabalham.

Além disso, se a qualidade é difícil de monitorizar, também o é outro dos nossos fins no serviço público: a eficiência. Porque, na ausência de boa informação sobre qualidade, torna-se difícil decidir se um serviço de baixo custo é eficiente ou se é apenas prestado com baixa qualidade. Confiar a tarefa aos prestadores de serviço é uma maneira económica de evitar essas dificuldades.

Mas será que se pode confiar nos prestadores para executar o serviço? Apenas quando é cumprida uma presunção crucial sobre a *motivação* dos profissionais. Especificamente, estes devem ser motivados antes de mais pela preocupação para com o bem-estar daqueles que estão a servir e não pelo seu próprio interesse material. Posto de outra forma, o modelo assume que todos aqueles que trabalham nos serviços públicos são cavaleiros (*knights*) "altruístas", em vez de "canalhas" (*knaves*) dedicados ao seu interesse pessoal. A sua única preocupação é atender às necessidades e desejos dos utentes do serviço juntamente com as do resto da comunidade; o seu único interesse é o de promover o bem-estar social. Por conseguinte, pode confiar-se neles para prestar serviços de qualidade de maneira eficiente, receptiva, responsável e equitativa.

A terminologia de cavaleiros e canalhas tem origem num anterior livro meu que recorre abundantemente a essa metáfora (Le Grand, 2003). O termo "canalha" vem das obras dos filósofos setecentistas David Hume e Bernard Mandeville que o usavam para descrever um indivíduo cuja única preocupação era o seu interesse pessoal. Nesse livro, contrastei-o com o "cavaleiro", um indivíduo cuja única preocupação é o bem-estar dos outros. Portanto, os médicos, professores ou assistentes sociais cavaleiros serão aqueles que colocam as necessidades e os desejos dos seus pacientes, alunos ou clientes acima dos seus interesses pessoais; enquanto que os profissionais canalhas são aqueles que dão prioridade aos seus próprios interesses imediatos por cima dos das pessoas que é suposto servirem.

O comportamento cavalheiresco pode ter origem numa série de fontes. Pode ter origem naquilo a que podemos apelidar de altruísmo "puro" ou "desinteressado": a angústia perante o sofrimento dos outros e o desejo de ver esse sofrimento aliviado, independentemente de quem realmente executa a acção para o aliviar. Ou pode vir daquilo a que chamei noutro lado altruísmo "interessado", onde, além da preocupação com o sofrimento dos outros, existe também o desejo de levar a cabo pessoalmente as acções para aliviar esse sofrimento – preferencialmente envolvendo algum grau de sacrifício pessoal (Le Grand, 2003, capítulos 2 e 4). Ou pode não ser motivado por qualquer forma de altruísmo mas por preocupações mais egoístas, como fomentar a própria estima profissional ou o desejo de procurar a aprovação de outros[6].

Seja qual for a fonte, a confiança no comportamento cavalheiresco é um elemento essencial no modelo da confiança. E o que acontece quando alguns dos que trabalham nos serviços públicos não são perfeitos cavaleiros? Nesse caso, o modelo da confiança enfrenta problemas. Porque é provável que a procura do interesse pessoal no contexto do modelo da confiança resulte num serviço organizado mais em função do interesse dos prestadores do que dos utentes. O horário de começo das cirurgias, a hora das consultas, a duração e a estrutura do dia escolar e, ainda mais importante, os tratamentos médicos disponíveis, o currículo escolar ensinado – é provável que tudo isso seja afectado e não de maneira a beneficiar os utentes.

Na verdade, uma análise da literatura sobre a motivação daqueles que trabalham no sector público sugere que essas pessoas não são exclusivamente cavaleiros ou canalhas, antes, tal como acontece com a maioria das pessoas, uma mistura dos dois (Le Grand, 2003, capítulo 2). Também parece que o tipo de motivação prevalecente num determinado momento depende das circunstâncias. Portanto, é inevitável que essas circunstâncias encorajem algumas vezes o comportamento de canalha – com consequências prejudiciais para a prestação de serviços.

Além disso, mesmo se os profissionais dos serviços públicos fossem sempre perfeitos cavaleiros, poderia ser problemático confiar em motivações cavaleirescas. Em primeiro lugar, os cavaleiros nem sempre se sentem motivados para a eficiência. Praticar o bem, e não necessariamente o bem supremo, é muitas vezes motivação suficiente. Isto também pode interferir com a inovação: é mais fácil continuar a fazer aquilo que se faz desde que se esteja a fazer algum bem do que introduzir as mudanças necessárias para implementar novas formas de fazer as coisas. E, na ausência de formas de comparar o desempenho, podem nem se aperceber de como o seu serviço é medíocre.

Em segundo, os cavaleiros fazem a sua própria agenda. Podem ser altruístas no sentido em que se preocupam com o bem-estar dos outros, no entanto, a sua interpretação sobre o que contribui para esse bem-estar pode diferir da visão do governo (as escolas religiosas são um exemplo) ou mesmo dos próprios utentes.

Em terceiro, os prestadores podem ser canalhas do ponto de vista do governo, na medida em que subvertem a política, mas cavaleiros do ponto de vista dos utentes, na medida em que contornam as regras a favor dos últimos. Na verdade, isto pode fazer parte de um argumento mais amplo em prol da confiança: os cavaleiros podem ser favorecidos pelos utentes porque agem como seus defensores face a uma burocracia possivelmente indiferente. Mas isto pressupõe que não se pode confiar em algumas partes do sistema – a burocracia indiferente –, o que levanta dúvidas sobre a viabilidade de todo o modelo.

Aqui ganha relevância uma ideia referida pelo analista de políticas públicas Rudolf Klein:

O comportamento cavaleiresco pode ser mais um problema do que uma solução. (...) [D]a perspectiva dos utentes, os cavaleiros podem ser paternalistas autoritários que agem completamente convencidos de serem altruístas que sabem o que é melhor. Se a procura de satisfazer interesses pessoais à custa do interesse público é uma patologia do canalha, a integridade hipócrita é a patologia do cavaleiro.

KLEIN (2005, P. 94)

Dito de outra forma, os defensores do cavaleiresco a operar dentro do sistema podem ser essencialmente paternalistas: dando aos utentes aquilo que os cavaleiros acham que os utentes precisam mas não necessariamente aquilo que os utentes pensam que precisam.

E as percepções que os cavaleiros possuem das necessidades gerais da comunidade podem ser limitadas. Perante a agonia individual, os cavaleiros têm dificuldade em reconhecer limites para os recursos. É perfeitamente compreensível: quem gostaria de estar na posição de uma médica que tem de dizer à paciente à sua frente que não lhe pode administrar o medicamento que a poderia salvar porque o dinheiro pode ser gasto de forma mais eficaz noutro lado? E, apesar disso, se pode ser gasto mais eficazmente noutro lado, deve sê-lo.

O facto de o modelo da confiança operar num contexto de rede levanta outros problemas. Porque requer que os membros da rede confiem uns nos outros. Os membros da rede devem ter a certeza de que não há outros membros a impor os seus interesses pessoais ou os interesses da instituição para a qual trabalham (Mayer *et al.*, 1995; Tomkins, 2001). Também têm de acreditar nas capacidades de todos os membros: na sua eficiência e capacidade para assegurar as tarefas que lhes são confiadas.

Infelizmente, nem sempre estas condições podem ser cumpridas. Um interessante exemplo disto é-nos dado pelo recente estudo de uma cooperativa de cuidados de saúde escocesa (Hannah *et al.*, 2006). Depois da transferência de poderes em 1997, a Escócia afastou-se deliberadamente do modelo de escolha e concorrência na prestação de cuidados de saúde em direcção a um modelo baseado na confiança e em redes. O estudo da cooperativa de cuidados de saúde envolveu médicos de clínica geral e gestores de serviços e tinha a intenção de melhorar os serviços de cuidados de saúde primários na Escócia. Infelizmente, os médicos de clínica geral, pura e simplesmente, desconfiavam dos gestores de saúde, duvidando da sua capacidade, da sua benevolência e da sua integridade. Em consequência disso havia poucas melhorias nos serviços. As redes, entre as quais estava a cooperativa, acabaram por ser abolidas.

Além disso, é difícil ver como é que o modelo da confiança, se não funciona operacionalmente, pode ser melhorado mantendo a sua exigência essencial: a confiança no prestador do serviço. Poderá ser possível encorajar um comportamento mais cavalheiresco através, por exemplo, do incentivo dos profissionais em examinar e avaliar desempenho dos colegas; no entanto, isto é apelar a uma motivação não altruísta – o desejo de agradar aos colegas – e aproxima-se de uma estrutura de incentivo à canalhice.

A isto soma-se que a pressão dos colegas é sujeita a normas que podem ser mais um reflexo dos interesses colectivos da profissão em causa que do interesse individual do utente. Podendo, deste modo, ser exercida para defender a actual forma de fazer as coisas, os salários e as condições de trabalho.

Como veremos, a natureza da maioria dos serviços públicos é tal que qualquer sistema de prestação tem de contar com uma certa quantidade de confiança nas pessoas que prestam o serviço. Mas, no geral, tanto a intuição como a experiência dizem-nos que é improvável alcançarmos o nosso objectivo de um bom serviço se dependermos apenas do modelo da confiança. O que é preciso é um modelo que combine elementos do modelo da confiança na prestação de serviços com outros modelos, de maneira a que se reconheça a existência de motivações canalhas e cavalheirescas e que as motivações cavalheirescas sejam preservadas mas direccionadas para servir interesses mais vastos.

Objectivos

O nosso modelo seguinte, de que uma versão é normalmente conhecida como comando e controlo, é quase diametralmente oposto ao modelo da confiança. Neste, os profissionais, e na verdade todos aqueles que trabalham no serviço em causa, fazem parte da hierarquia de gestão, sendo que os gestores de topo instruem os subordinados sobre a prestação do serviço.

O comando e controlo pode assumir várias formas. Uma das versões que tem sido implementada nos últimos tempos de forma generalizada pelo governo britânico é aquela a que podemos chamar de "gestão por objectivos e avaliação de desempenho". Neste caso estabelecem-se vários tipos de objectivos a alcançar, normalmente numéricos, para organizações do sector público como escolas ou hospitais e a seguir oferecem-se recompensas ou penalidades às equipas dessas organizações por alcançarem ou falharem esse objectivo. As recompensas podem ser uma maior autonomia para a organização e/ou bónus financeiros ou promoções para a equipa. As penalidades podem envolver uma maior intervenção externa no funcionamento da organização e a despromoção ou o despedimento da equipa. Podem também incluir-se nas penalidades o chamado "nomear e envergonhar": divulgar aos colegas ou ao público em geral o desempenho pobre com a intenção de humilhar a equipa ou a organização em causa e, dessa maneira, encorajá-los a fazer melhor.

Hoje em dia, a experiência britânica sugere que este tipo de gestão do desempenho tem uma grande vantagem para um modelo de prestação de serviço público. Funciona – pelo menos a curto prazo. O SNS na Inglaterra adoptou uma grande variedade de objectivos complementados com uma forte avaliação de desempenho: que tem sido descrito como "regime de objectivos e terror" (Bevan e Hood, a publicar). Em consequência disso, alguns aspectos fundamentais da prestação do serviço (especialmente o tempo de espera dos pacientes) melhoraram significativamente. Por exemplo, em 2002, cerca de um quinto daqueles que chegavam aos serviços de urgência e traumatologia ainda estavam à espera quatro horas depois. Foi estabelecido o objectivo de 98 por cento dos assistidos nas urgências e traumatologias terem de ser tratados, receberem alta ou serem internados no hospital nas quatro horas a seguir à sua chegada. Em 2005, esse objectivo foi atingido – e isto apesar de um aumento de 25 por cento no número de pessoas atendidas em serviços de urgência e traumatologia durante esse período (Department of Health, 2005a, *Statistical Supplement*).

Estabelecer um objectivo para o número de pacientes na lista de espera para cirurgias electivas teve um impacto semelhante. Em 1999, na Inglaterra, mais de um quarto dos pacientes em causa esperavam mais de seis meses por uma cirurgia e acima de quatro por cento mais de um ano. Foram estabelecidos objectivos-chave e introduzida a avaliação de desempenho. Em 2005, ninguém esperava mais de um ano e apenas cinco por cento esperavam mais de seis meses (Bevan e Hood 2006, p. 420, tabela 1).

O serviço de emergências médicas dá-nos outro exemplo. Em 2000, entre os serviços com dados comparáveis, apenas uma equipa de emergência foi capaz de responder a pelo menos 75 por cento das chamadas de categoria A (aquelas que envolvem casos de vida ou morte) em oito minutos ou menos. Em 2002, foi estabelecido como objectivo-chave obter estes 75 por cento de respostas em oito minutos para chamadas de categoria A. Em 2005, mais de quatro quintos destas equipas cumpriam o objectivo e mesmo a equipa com pior desempenho conseguiu mais de 70 por cento (Department of Health, 2005a, *Statistical Supplement*).

O Reino Unido transferiu recentemente alguns poderes referentes à política de prestação de serviços públicos a cada um dos países que o constituem: Inglaterra, Escócia, País de Gales e Irlanda do Norte. A seguir a esta devolução, no final dos anos 90, os três países que não a Inglaterra adoptaram modelos de prestação de serviço público bastante diferentes, especialmente na saúde. Isto é bastante conveniente pois proporciona uma experiência natural com a qual comparar o desempenho dos diferentes modelos.

Veja-se o caso do País de Gales, por exemplo. Ao receber os poderes sobre a política de saúde, a Assembleia Galesa aboliu os objectivos e recusou autorizar que os seus funcionários públicos usassem a avaliação de desempenho hierárquica, concentrando-se, ao invés, em promover o trabalho cooperativo entre os sectores da saúde, do governo local e de voluntariado. Ou seja, decidiu basear-se no modelo da confiança na prestação de serviços, com os seus líderes a rejeitarem explicitamente o modelo inglês como sendo desadequado para o País de Gales.

Como demonstraram os analistas de políticas públicas Gwyn Bevan e Christopher Hood, os resultados do País de Gales pouco contribuem para defender a eficiência do modelo da confiança. Houve um aumento substancial das listas de espera. Em 1999, 11 por cento dos pacientes esperavam mais de um ano por uma cirurgia electiva; em 2003, este número subira para 16 por cento. A taxa de resposta dos serviços de emergência a chamadas de categoria A, dentro dos oito minutos, andava pelos 50 por cento em 2001; ainda estava nos 50 por cento em 2004 (Bevan e Hood, 2006). E isto apesar do facto de o País de Gales ter mais recursos *per capita* que a Inglaterra e uma taxa similar de crescimento desses recursos (Alvarez--Rosete *et al.*, 2005).

Os economistas Katherina Hauck e Andrew Street compararam os desempenhos dos hospitais em ambos os lados da fronteira Inglaterra/País de Gales durante um período de seis anos, antes e depois da devolução. E mostram que os hospitais ingleses aumentaram os níveis de actividade, responsabilizando-se proporcionalmente por mais casos diários e com taxas de mortalidade em declínio. Ao mesmo tempo, os níveis de actividade permaneceram constantes em Gales, caindo a proporção de casos diários e subindo as taxas de mortalidade. Os pacientes ingleses esperavam menos tempo e tinham mais probabilidades de serem tratados dentro do tempo de espera estabelecido como objectivo. Tudo isto é atribuído pelos autores "a um sistema mais forte de avaliação de desempenho" na Inglaterra do que no País de Gales (Hauck e Street, a publicar).

O Auditor-Geral para o País de Gales concorda. O mesmo critica o sistema por não proporcionar nem fortes incentivos, nem sanções para melhorar o desempenho em termos de tempo de espera. Aliás, foi observado que o sistema chegou na verdade a recompensar organizações que haviam fracassado nos tempos de espera dando-lhes mais recursos (Auditor General for Wales, 2005).

Vale a pena salientar que tudo isto começou a mudar em 2003. O País de Gales começou a introduzir a avaliação de desempenho e alguma escolha para o paciente. A consequência directa disso foi a diminuição das listas de espera.

Objectivos e desempenho também parecem ter funcionado na educação inglesa. Em particular, a numeracia e a literacia melhoraram substancialmente nas escolas primárias inglesas. A percentagem de crianças de 11 anos que alcançaram o nível 4 ou mais em inglês subiu de 57 por cento, em 1995-96, para 79 por cento, em 2006, e a percentagem daqueles que alcançaram o nível 4 em matemática subiu de 54 por cento em 1995-96 para 76 por cento em 2006([7]). Também houve melhoria nos resultados do exame GCSE que é feito no fim da escolaridade obrigatória. A percentagem de alunos com 15 anos no princípio do ano lectivo que aprovaram o exame GCSE com cinco ou mais nos graus A* a C aumentou de 45 por cento em 1997 para 56 por cento em 2005, um aumento de 11 pontos percentuais em termos absolutos (Department for Education and Skills, 2001, 2006b)([8]).

É preciso entender que algumas destas melhorias (especialmente em inglês e matemática) parecem ter sido alcançadas não tanto pelo estabelecimento de objectivos na área (embora tenham sido estabelecidos objectivos) mas por causa da imposição típica de comando e controlo de uma hora obrigatória de numeracia e literacia nas escolas. Um estudo sistemático da imposição de uma hora de literacia em algumas escolas primárias inglesas, antes de se tornar obrigatória, revelou grandes aumentos do sucesso na leitura e no inglês em alunos expostos à hora de literacia em relação a outros alunos que o não foram. Curiosamente, os rapazes foram mais beneficiados que as raparigas (Machin e McNally, 2004).

Ou seja, as formas de comando e controlo, incluindo a gestão por objectivos e avaliação de desempenho, podem elevar os padrões. Se o objectivo for bem definido (reduzir os tempos de espera, melhorar a numeracia e a literacia) e se o processo envolver a correcta aplicação coerciva de recompensas e castigos, então parece que este modelo pode alcançar pelo menos algumas componentes do que constitui um bom serviço público.

O facto de algumas formas de comando e controlo funcionarem, pelo menos a curto prazo, não deve ser muito surpreendente. Afinal de contas, muitas destas técnicas são usadas com boas consequências por grandes organizações fora do sector público. No entanto, há razões para acreditar que o modelo de comando e controlo apresenta problemas a longo prazo na prestação de serviços públicos. Alguns deles são inerentes ao modelo, independentemente de onde é aplicado, outros são mais específicos ao tipo de serviço público com o qual estamos a lidar.

Para perceber alguns dos problemas genéricos, tenha em linha de conta aqueles que podem estar associados com o estabelecimento de objectivos. Em primeiro, desencorajam a inovação e a melhoria permanentes; assim que o objectivo é alcançado não há nenhum incentivo para ir mais além. Em segundo, os objectivos podem levar a "jogos". Os jogos podem assumir formas variadas: abrangendo desde a simples trapaça com os números até mudanças de comportamento mais subtis, significando que o objectivo é atingido mas com consequências indesejáveis a longo prazo.

Um exemplo de jogo com a mudança de comportamento seria a admissão desnecessária de pacientes na enfermaria de um hospital geral a partir dos serviços de urgência e traumatologia para serem contabilizados como "observados" dentro do limite das quatro horas. Bevan e Hood citam outros exemplos, incluindo um serviço de oftalmologia que cumpriu o objectivo de novas consultas a pacientes externos através do cancelamento e adiamento de consultas de seguimento (que não tinham objectivos); em consequência disso, estima-se que pelo menos 25 pacientes perderam a visão no espaço de dois anos (Bevan e Hood, 2006, p. 421).

Em terceiro, uma vez que não cumprir os objectivos pode acontecer por razões que estão para lá do controlo do gestor, as penalidades que advêm do falhanço dos objectivos (ou as recompensas que acompanham o seu atingir) podem parecer arbitrárias e injustas.

Existem formas de fazer com que os objectivos funcionem melhor. Para evitar qualquer arbitrariedade envolvida no falhar ou atingir dos objectivos, estes podem ser correlacionados apenas com factores que estejam inteiramente dentro de controlo da gestão. Para reduzir o risco do jogo, Bevan e Hood sugeriram que pode ser introduzido um elemento de incerteza em relação ao que realmente está a ser objectivado.

Portanto, os objectivos podem ser retrospectivos ou podem mudar de ano para ano. Bevan e Hood também defenderam a existência de um organismo independente para avaliar a qualidade dos dados de forma a reduzir a manipulação dos números.

No entanto, nenhuma destas mudanças afectará o problema central da gestão por objectivos e de avaliação de desempenho – e, na verdade, de todas as formas de comando e controlo – no sector público. Isto é, o efeito na motivação e na moral dos prestadores. Não existe nada mais eficaz a desmotivar e desmoralizar os prestadores de serviço público do que o bombardeamento permanente de instruções vindas de cima. E tal é ainda mais acentuado nos serviços públicos onde uma grande proporção dos envolvidos são profissionais habituados a um elevado grau de autonomia nos seus locais de trabalho. Poucas pessoas gostam que lhes digam o que fazer; mas o mesmo é particularmente verdadeiro para médicos, enfermeiros, professores, assistentes sociais e outros profissionais. Porque são treinados para acreditar que são decisores independentes, que a sua principal responsabilidade se dirige para aqueles a quem prestam serviço e que não devem estar sujeitos aos caprichos de burocratas e políticos.

Uma ideia relacionada com esta tem a ver com o facto de os objectivos serem afirmações de prioridades. Os definidores de políticas, ao estabelecerem objectivos, estão a identificar algo que consideram mais importante do que o resto. No entanto, as pessoas que têm de cumprir os objectivos podem não partilhar estas prioridades; na sua perspectiva, o serviço pode atingir o objectivo e falhar o alvo, como se costuma dizer. Nessas circunstâncias, embora possam adequar-se às exigências para atingir os objectivos, é provável que o façam, na melhor das hipóteses, descontentes e, na pior, ressentidos.

A avaliação de desempenho e outras formas de comando e controlo têm o seu lugar no curto prazo. Porque podem ser usadas para ultrapassar a resistência arraigada à mudança e para mostrar que aquilo que antes se pensava impossível pode ser alcançado. Mas não são soluções a longo prazo para os problemas da reforma do serviço público.

Em vez disso, é preferível um sistema que tenha incentivos à reforma *integrados em si*. Dessa forma, os prestadores empenhar-se-iam em prestar um serviço de alta qualidade sem terem de ser impelidos por definidores de políticas ou por gestores em representação destes. E estes incentivos deveriam incluir um elemento de baixo para cima. Se se quer ter capacidade de resposta e concretizar o princípio da autonomia, ao determinar as necessidades e desejos dos utentes não se deve tratar como irrelevante aquilo que os utentes entendem como sendo as suas necessidades e desejos – como, infelizmente, pode acontecer nos modelos da confiança e de objectivos.

Voz

A "voz" é um dos modelos para gerir um serviço público organizado de baixo para cima. Talvez a melhor definição de voz seja a de quem começou a usar o termo neste contexto, Albert Hirschman, que a definiu como qualquer tentativa de:

> mudar, em vez de fugir, de um estado de coisas censurável, quer através da petição individual ou colectiva à gestão directamente responsável, quer através do apelo a uma autoridade superior com a intenção de forçar uma mudança na gestão, quer através de vários tipos de acções e protestos, incluindo aqueles destinados a mobilizar a opinião pública.
>
> HIRSCHMAN (1970, p. 30)

Vista de outra forma, a voz é uma abreviatura para todas as formas através das quais os utentes podem expressar a sua insatisfação (ou também a sua satisfação) por meio de algum método de comunicação directa com os prestadores de serviços. Tal pode ocorrer informalmente, através de conversas presenciais: pais que falam com os professores sobre a educação do seu filho, pacientes que conversam com o seu médico de família. Pode ser mais indirecto: conversar com a associação de pais da escola, tornar-se até membro da associação, falar num fórum de consulta público, entrar no conselho de administração de um hospital[9]. Pode ser mais formal: invocando um pedido de reclamações, queixando-se aos representantes eleitos, invocando o provedor, etc. E pode ser colectivo, através do processo de votação.

Ou seja, o modelo de voz tem as suas vantagens como forma de prestação de serviços públicos. Obviamente, tem directamente em conta as necessidades e desejos dos utentes, pelo menos da forma como estes os vêem. Além disso, os mecanismos individuais de voz podem ser especialmente ricos em informação útil. Dizer aos prestadores aquilo que está mal com o serviço que prestam (e também aquilo que está bem) pode ser muito útil para os prestadores de serviço que querem melhorar – na realidade muito mais útil do que simplesmente deixar de ir às consultas ou, como acontece no modelo da escolha, limitando-se a mudar para outro prestador.

Os mecanismos colectivos de voz têm a vantagem de serem realmente colectivos: têm em conta os interesses da comunidade. Por outro lado, são instrumentos pouco funcionais para lidar com o tipo de decisões individuais com que nos preocupamos. Os pais que estão insatisfeitos com a escola da sua área, ou os pacientes com o hospital da zona, podem votar em representantes eleitos locais que prometam fornecer melhores serviços; mas para que os votos sejam eficazes, têm de se cumprir uma série de condições. Tem de haver uma eleição iminente; a sua opinião tem de ser partilhada por uma maioria de eleitores; os assuntos referentes à qualidade das escolas ou dos hospitais têm de ser os principais factores a afectar a eleição, os políticos que prometem melhores escolas e hospitais têm de ser candidatos; e, se estes políticos forem eleitos, é preciso que haja um método eficaz para assegurar a melhoria na escola ou no hospital. É raro que todas estas condições se cumpram.

Além disso, apesar da sua natureza colectiva, estes mecanismos são normalmente poucos úteis a lidar com a ineficácia ou o fraco desempenho. Os votantes raramente se vêem confrontados com os custos da criação do serviço que exigem. Quando não são confrontados com esses custos, podem simplesmente votar para aumentar ou manter serviços à custa de outras pessoas. Realmente, isto acontece com frequência quando as propostas de encerramentos de escolas ou hospitais são postas à votação; os votantes em causa não têm normalmente de suportar os custos de manter abertas as referidas instituições e, em consequência disso, normalmente rejeitam as propostas de encerramento. E também pode haver consequências em termos de justiça:

uma maioria pode votar para segregar uma minoria, excluindo-a do serviço em causa através de meios formais ou informais.

Os mecanismos de voz mais individualistas, como os processos de reclamação, também têm os seus problemas. Requerem energia e compromisso para activar; demoram o seu tempo a entrar em funcionamento; e provocam atitudes defensivas e aflição entre aqueles contra quem se reclama. Não são necessariamente os utentes com mais razões de queixa que se queixam; e as relações antagónicas entre profissionais e utentes, especialmente respeitantes às ameaças de processos legais, podem levar a reacções ineficientes e defensivas por parte dos prestadores de serviços.

Ainda mais fundamental é o facto de muitos mecanismos de voz individualistas favorecerem os mais instruídos e eloquentes. Os mais ricos têm uma voz mais preponderante: também possuem melhores contactos e costas mais quentes. E são adeptos de usar a sua voz para exigir acesso a serviços mais alargados (como consultas especializadas para pacientes ambulatórios, testes de diagnóstico, tratamentos com internamento, melhores professores e por aí fora). Geralmente, os pacientes e pais da classe média são mais eloquentes, mais confiantes e mais persistentes que os seus congéneres das classes mais pobres. Além disso, é mais provável que os médicos e os directores das escolas que tomam as decisões relevantes falem o mesmo tipo de linguagem e se relacionem melhor com os pacientes e os pais de classe média.

A somar a isto, muitas pessoas da classe média têm amigos ou conhecidos nas profissões em causa que os podem ajudar a orientar-se dentro do sistema. Por conseguinte, a classe média está muito melhor colocada, do que aqueles situados nos níveis mais baixos da escala social, para assegurar a obtenção de tratamento médico de qualidade para si e para as suas famílias e melhor educação para os seus filhos. Além de que têm mais probabilidade de participar nas instituições de voz: pertencerem à associação de pais da escola, por exemplo, ou ao conselho de administração de um hospital.

Além disso, a classe média nem sempre precisa de depender de uma voz para obter aquilo que quer. Mesmo nos sistemas onde não há um sistema público de escolha, existem não obstante duas possibilidades para exercer uma forma de escolha. Em primeiro, na maioria dos países, existe sempre a possibilidade de sair (ou não chegar a entrar) do sistema público: usando os fundos individuais ou familiares para adquirir educação ou cuidados de saúde privados (o Canadá, onde os cuidados de saúde privados são ilegais em algumas províncias, é uma excepção parcial, embora, mesmo aí, haja a possibilidade de cruzar a fronteira para os EUA).

Em segundo, existe a possibilidade de mudar de casa para poder beneficiar de boas escolas e hospitais. Uma série de estudos no Reino Unido prova que se trata de uma questão real. Um estudo recente da maior instituição de crédito à habitação, a Halifax, descobriu que as casas são valorizadas em mais 12 por cento do que a média regional se estiverem localizadas na mesma área que as escolas secundárias de maior sucesso, confirmando um relatório anterior semelhante de outra grande instituição de crédito, a Nationwide (*The Guardian*, 26 de Março de 2005, p. 23). Gibbons e Machin descobriram que é previsível um aumento de três por cento no preço das casas situadas junto a uma escola primária que mostre uma melhoria de dez por cento na tabela de desempenho; este é um efeito muito localizado que é reduzido para metade além de um perímetro de 600 metros em torno da escola. Em Londres e no sudeste de Inglaterra, mudar de uma área com escolas primárias com maus resultados para uma outra com boas escolas primárias pode resultar num custo médio de 61 mil libras (73 500 euros) e em alguns casos muito mais do que isso. (Curiosamente, também se descobriu que, devido ao confuso processo de candidatura e à falta de informação sobre o sucesso escolar, os pais exibem uma mentalidade de "rebanho", apostando em escolas de acesso difícil, mesmo que estas não sejam necessariamente as que revelam melhor desempenho – Gibbons e Machin, 2005).

Não surpreende que, nestas circunstâncias, os sistemas sem escolha possam favorecer os mais ricos. Por exemplo, uma avaliação recente da utilização do SNS britânico descobriu que:

- Os indivíduos desempregados com baixos rendimentos e os que têm qualificações mais baixas recorrem menos aos serviços

de saúde, em relação às suas necessidades, do que os empregados, os ricos e os que têm mais instrução.
- As taxas de inserção de *bypasses* nas artérias coronárias ou de angiografias depois de um ataque cardíaco eram 30 por cento mais baixas nos grupos socioeconómicos mais baixos do que nos mais altos.
- Havia 20 por cento menos cirurgias de implante do fémur nos grupos socioeconómicos mais baixos em comparação com os mais altos, apesar de haver uma necessidade em 30 por cento superior.
- As classes sociais C e D tinham dez por cento menos consultas preventivas do que as classes sociais A e B depois de padronizadas outras determinantes.
- Uma descida de um ponto numa escala de privação com sete pontos levava a que os médicos de clínica geral passassem menos 3,4 por cento de tempo com o indivíduo em questão (Dixon *et al.*, a publicar).

No entanto, mesmo esta inclinação para a classe média não é a principal dificuldade com a voz. Essa está na ausência de incentivos. Por si só, os mecanismos de voz não proporcionam muitos incentivos à melhoria. Se um prestador tem o monopólio de prestação de um serviço, pode ignorar as queixas dos seus utentes com relativa impunidade.

Isto pode ser parcialmente resolvido juntando a voz a um dos outros modelos. Por exemplo, a voz pode ser complementada com a confiança e depender das motivações cavalheirescas dos prestadores para rectificar qualquer deficiência para a qual os utentes chamem a atenção. O problema desta solução é que, tal como vimos, nem todos os prestadores de serviço público são cavaleiros e, mesmo quando o são, nem sempre são receptivos a utentes impositivos.

Alternativamente, a voz pode ser complementada com comando e controlo. Os prestadores que ignorem as reclamações podem estar sujeitos a sanções vindas de cima. No entanto, esta solução sofrerá dos problemas de desmoralização e desmotivação já mencionados em relação ao comando e controlo. É pouco provável que os prestadores a quem é dito como comportar-se sejam os mais dispostos a oferecer um serviço atencioso.

Ou pode ser complementado com a escolha. Se os prestadores sabem que em última análise os insatisfeitos podem sair – podem ir para outro lado – têm um grande incentivo para melhorar. A escolha pode potenciar a voz. Porém, para analisar este método adequadamente, precisamos de examinar a escolha com mais detalhe. Essa será a tarefa do próximo capítulo.

Conclusão

Nenhum sistema de prestação de serviço público pode ou deve dispensar completamente os objectivos (ou, de uma forma geral, o comando e controlo), a voz ou a confiança. A gestão por objectivos e avaliação de desempenho pode quebrar a resistência institucional à mudança, especialmente a curto prazo. A voz dá, aos prestadores, informação importante sobre a qualidade do serviço que estão a prestar. Muitos serviços públicos têm processos e resultados cuja qualidade e custo são difíceis de monitorizar pelos utentes, os governos ou mesmo pelos gestores; logo, é inevitável confiar nos prestadores para proporcionar qualidade e eficiência nestas áreas.

No entanto, todos estes modelos têm um problema central que dificulta a dependência de qualquer um deles como base principal para fornecer bons serviços públicos: o da ausência dos incentivos correctos para os prestadores de serviços. Assim, o modelo de confiança oferece pouco em termos de incentivos directos de qualquer género. Em vez disso, depende de todos os prestadores estarem motivados para prestar um bom serviço exclusivamente por uma (muito específica forma de) motivação cavalheiresca, um fenómeno que, embora não sendo impossível de encontrar, não é provável que seja suficientemente comum para servir de base bem sucedida a todo um sistema de prestação de serviços. O comportamento cavalheiresco pode ser encorajado pela introdução de mecanismos como a avaliação pelos colegas, mas tal pode entrar em conflito com o interesse colectivo, com consequências insatisfatórias para a prestação de serviços.

As várias versões do comando e controlo, incluindo a gestão por objectivos e avaliação de desempenho, oferecem incentivos directos, embora de um género muitas vezes grosseiro, com frequência punitivo e quase sempre desmotivador e desmoralizador para todos aqueles que são receptores – com consequências prejudiciais para a qualidade do serviço que estão preparados para prestar. Em consequência disso, enquanto o modelo pode funcionar para alcançar objectivos simples a curto prazo, não propicia uma solução a longo prazo para o problema da prestação de serviço público. E os modelos de voz, embora tenham o mérito de levar directamente em conta as perspectivas dos utentes, mais uma vez têm pouco para oferecer em termos de incentivos para os prestadores melhorarem o seu serviço – a não ser que sejam combinados com elementos de confiança ou de comando e controlo, em cujo caso sofrem de problemas associados a estes modelos. Além disso, tendem a favorecer os mais ricos.

Em suma, se o fim for conseguir um bom serviço – um serviço de alta qualidade gerido eficientemente, atendendo às necessidades e desejos dos utentes, prestando contas aos contribuintes e equitativo no seu tratamento de utentes e trabalhadores – então temos de procurar noutro lado.

CAPÍTULO 2

Escolha e concorrência

TRÊS MANEIRAS DE, OU MODELOS PARA, PRESTAR SERVIÇOS públicos: confiança; objectivos, avaliação de desempenho e outras formas de comando e controlo; e voz, tanto individual como colectiva. Concluímos que todas elas têm o seu lugar em qualquer sistema de serviços públicos, e de facto seria difícil imaginar um sistema que não tenha algum destes elementos no seu interior. No entanto, também demonstrámos que cada um apresentava um considerável número de problemas quando era o único, ou até o principal, modelo de prestação de serviço público; e para alcançar a meta de um bom serviço público será necessário considerar uma alternativa.

Neste capítulo e nos seguintes, consideramos uma alternativa do género: escolha e concorrência. Defendemos que os modelos que dependem significativamente da escolha do utente associada à concorrência dos prestadores oferecem, de um modo geral, uma melhor estrutura de incentivos aos prestadores do que os outros que analisámos e, por isso, têm maior possibilidade de prestar serviços de alta qualidade de modo eficiente, equitativo e com capacidade de resposta. Adoptando a famosa metáfora de Adam Smith, habitualmente aplicada aos mercados privados, o governo pode usar a "mão invisível" da escolha e concorrência para alcançar os seus objectivos nos serviços públicos (Smith 1776/1964, livro IV, capítulo 2, página 400).

A discussão não é propriamente incontroversa e a segunda metade do capítulo diz respeito ao estudo das três críticas mais comuns (e, talvez, fundamentais) em relação ao modelo: as de que "as pessoas não querem escolha, querem um bom serviço local"; que a escolha é uma "obsessão da classe média"; e que isso "ameaça o domínio público". Estas não esgotam de forma alguma os possíveis problemas associados à implementação do modelo. Mas os outros tendem a estar relacionados com contextos específicos e, como tal, abordamo-los nos capítulos seguintes que lidam com os cuidados de saúde e a educação.

O Significado da Escolha e Concorrência

Primeiro, alguma terminologia. Existe um leque de tipos diferentes de escolha que os utentes podem fazer no contexto dos serviços públicos: onde, quem, o quê, quando e como. Há a escolha do prestador (onde): ou seja, escolha do hospital, escolha da clínica geral (ou de cuidados primários), escolha de outro estabelecimento médico, escolha da escola. Depois existe a escolha do profissional (quem): escolha do médico de clínica geral ou do médico de família, escolha do médico do hospital ou de um especialista, escolha de outros profissionais de saúde, tais como enfermeiras ou fisioterapeutas, escolha do professor. Há a escolha do serviço (o quê): escolha entre diferentes formas de tratamento médico, como planos de tratamento com medicamentos ou tipos de cirurgia, ou, na educação, escolha do programa curricular ou de formas de pedagogia. Depois existe a escolha do tempo (quando): escolha da hora da consulta, escolha do dia para a cirurgia sem internamento ou escolha da altura para ser internado no hospital. Por último, há a escolha do canal de acesso ou método de comunicação (como): geralmente presencial, na maioria dos serviços públicos, mas cada vez mais através do telefone ou da Internet. O princípio da "escolha" nos serviços públicos inclui decisões em todas estas dimensões.

As decisões não são necessariamente independentes. Os pacientes podem escolher um prestador de serviços médicos específico por causa das horas de abertura ou de períodos de espera menores, porque querem ver um profissional específico ou por causa do tratamento especializado que oferece. Na educação, um pai pode escolher uma escola específica para uma criança por causa do tipo de programa de estudos (por exemplo, escola especializada) ou de estilo de pedagogia (por exemplo, Montessori) que oferece. Alguns prestadores podem oferecer formas diferentes de acesso, como o atendimento por telefone, e serem preferidos por esse motivo. Contudo, é recomendável ter em conta a distinção entre os diferentes tipos de escolha, porque os argumentos a favor e contra o alargamento da escolha podem variar de acordo com o tipo de escolha que esteja a ser considerado.

É também importante distinguir entre quem está a efectuar a escolha. Podem ser os próprios utentes, familiares dos utentes (como os pais no caso das escolas), agentes individuais pelos utentes (como os médicos de clínica geral que escolhem em nome dos seus pacientes) ou agentes colectivos que escolhem em nome dos utentes (como as autoridades locais que adjudicam contratos a prestadores em nome dos utentes).

Este capítulo e os dois seguintes centram-se em primeiro lugar na escolha do prestador (como escolas, hospitais) pelos utentes e/ou pelas suas famílias. Neles enfatiza-se a escolha em relação aos prestadores, porque é aí que se centram grande parte das medidas e do debate político, e porque, como assinalado anteriormente, essa decisão fundamenta muitas vezes todas as outras. E estes capítulos incidem na escolha pelos utentes (ou o agente imediato de um utente, como um progenitor a escolher a escola do filho) em parte por razões similares e em parte porque a escolha colectiva levanta um conjunto de questões que são bastante diferentes da escolha do utente e que estão para além do âmbito deste livro.

A concorrência é relativamente fácil de definir. Trata-se, simplesmente, da presença no serviço público de vários prestadores, cada um deles, por uma razão ou por outra, motivado para atrair utentes do seu sector. Isto contrasta com um serviço unitário ou monopolista, onde existe apenas um prestador que tem de ser utilizado por toda a gente que pretenda aceder ao serviço.

Outro termo que surge a seguir é "quase-mercado". Um quase-mercado é semelhante a um mercado no sentido em que, no seu interior, existem prestadores independentes a competir pelo cliente. Mas difere de um mercado normal pelo menos num aspecto importante. É que os utentes não vão a um quase-mercado com os seus próprios recursos para adquirir bens e serviços, como sucede num mercado normal. Em vez disso, os serviços são pagos pelo Estado mas com o dinheiro a acompanhar as escolhas dos utentes sob a forma de um *voucher* ou vale de pagamento, um orçamento específico ou uma fórmula de financiamento. O quase-mercado é assim um instrumento fundamentalmente igualitário que possibilita que os serviços públicos sejam prestados de maneira a evitar a maioria das desigualdades surgidas nos mercados normais devido às diferenças de poder de compra das pessoas[10].

Há vários tipos de prestadores que podem concorrer uns com os outros num quase-mercado. Estes incluem pequenas empresas, sociedades, cooperativas de trabalhadores, grandes empresas, organizações sem fins lucrativos ou de voluntariado e instituições públicas. Como tal, introduzir concorrência e quase-mercados nos serviços públicos não deve confundir-se com a chamada privatização desses serviços, embora o argumento surja com frequência em discussões sobre o assunto (ver, por exemplo, Pollock 2005). Pois é perfeitamente possível ter concorrência entre entidades públicas ou organizações sem fins lucrativos sem qualquer participação do sector privado. É a presença da concorrência que importa, não a estrutura de propriedade dos prestadores; pelo que, como veremos num capítulo posterior, o tipo de comportamento induzido pela concorrência é bastante similar, independentemente do tipo de prestador.

Escolha e Concorrência: O Modelo

Existem três argumentos principais a favor da escolha e concorrência como modelo para a prestação de serviço público. Este cumpre o princípio da autonomia e promove o atendimento das necessidades e desejos dos utentes; propicia incentivos aos prestadores para oferecerem melhor qualidade e maior eficiência; e é provável que seja mais equitativo do que as alternativas.

Primeiro, o princípio da autonomia. Recorde-se que, como formulado por Albert Weale, este "afirma que todas as pessoas são merecedoras de respeito como agentes deliberativos e dotados de propósito capazes de formular os seus próprios projectos". Oferecer uma escolha de prestadores de serviços públicos faz parte desse merecido respeito.

Para perceber isto, e para perceber por que razão o respeito é desejável em si mesmo, ponha-se na situação de um paciente ou de um aluno de uma escola. Quando está doente, tem poucas alternativas para encontrar algum tipo de tratamento médico. Quando é jovem, o Estado força-o a ir à escola. É fácil imaginá-lo numa situação onde está convencido de que o professor ou o médico é incompetente ou que o mesmo não gosta de si (ou é um "gostar" indesejado em alguns casos). Numa situação destas há uma margem muito grande para o autoritarismo mesquinho e ou para um induzido servilismo. E, mesmo na ausência de qualquer conduta manifestamente desagradável, não custa pensar na possibilidade de um estudante ou de um paciente se sentir frustrado por ficar sob o controlo de alguém de quem não gosta. É intrinsecamente desejável haver capacidade para escolher alternativas.

No entanto, a escolha, sobretudo quando conjugada com a concorrência, tem um valor instrumental e intrínseco. Porque dá incentivos aos prestadores para oferecerem um serviço de maior qualidade, eficiência e com capacidade de resposta. Se os prestadores enfrentarem consequências adversas por não serem escolhidos – se, por exemplo, perderem recursos ao não conseguirem atrair utentes – então irão querer melhorar a qualidade do serviço que prestam. Nos exemplos anteriores, imagine que o médico indiferente ou o professor incompetente sabem que, a não ser que alterem o seu comportamento, perderão pacientes ou alunos para consultórios ou escolas com melhor atendimento, estando a sua subsistência ameaçada em consequência disso. Então terão um forte incentivo para mudar os seus hábitos. Da mesma maneira, hospitais, consultórios e escolas que prestam um bom serviço (pelo menos aos olhos dos seus utentes) serão encorajados a continuar a fazê-lo e mesmo a melhorá-lo ainda mais – sobretudo se os seus outrora fracos concorrentes estiverem também a melhorar a qualidade e eficiência – caso pretendam manter o serviço.

Compare isto com a situação onde não existe qualquer escolha; onde os pacientes são obrigados a ir ao único hospital da sua área ou as crianças à única escola. Nesse caso, se sentirem que estão a receber um mau serviço, só possuem um mecanismo de melhoria que é fazendo uso da sua voz: reclamando com os prestadores do serviço ou com as autoridades superiores. No capítulo anterior vimos alguns dos problemas inerentes a este modelo como mecanismo para melhorar o serviço recebido. Como favorece o eloquente e o confiante, contribui para a injustiça por privilegiar quem está em melhor situação. E, sozinho, propicia pouco incentivo para a melhoria – a não ser que esteja associado a elementos do modelo de comando e controlo, que geram os seus próprios problemas.

Agora imagine que abre outra escola ou hospital na sua área. De repente, aqueles que estão insatisfeitos com o prestador local têm outro sítio onde ir. Os pobres, os que não têm confiança, os que têm dificuldades em expressar-se, já não dependem da sua (in)capacidade de manipular os profissionais e a burocracia do único prestador; a partir desse momento já podem ir a outro lado. Além disso, o próprio prestador local saberá disso. Saberá também que, a não ser que ouça as reclamações e faça alguma coisa em relação a elas, pagará um preço: perderá os seus utentes e os recursos a eles associados. Deste modo, terá um forte incentivo para tratar dos problemas levantados pelos utentes quer estes *usem ou não* a sua possibilidade de escolher. A possibilidade de escolha terá dado poder à voz.

Vale a pena salientar que esta estrutura de incentivos funciona, sejam os prestadores cavaleiros, canalhas ou uma combinação de ambos. Os prestadores canalhas quererão atrair utentes porque a sua subsistência e os seus interesses estão dependentes de manterem o negócio. Os cavaleiros também quererão manter o negócio para poderem continuar a prestar um serviço que beneficia os utentes. Portanto, também irão querer prestar serviços que atraiam utentes.

Uma última ideia antes de abordarmos alguns dos problemas desta lógica. É importante salientar que, para a componente de incentivo do modelo funcionar, é necessário que haja escolha do utente e concorrência entre prestadores. É possível ter uma sem a outra: escolha sem concorrência e concorrência sem escolha. Mas nenhuma, sozinha, atingirá os fins expostos antes.

Oferecer a escolha isoladamente dará a ilusão de aumento de poderes do utente mas é improvável que signifique um aumento real. Pense num exemplo de escolha sem concorrência: o SNS britânico antes de 1991. Então, os médicos de clínica geral, actuando como agentes dos seus pacientes com necessidade de tratamento especializado, podiam encaminhá-los para qualquer hospital do país. No entanto, os hospitais que aceitavam pacientes com esta referência não recebiam qualquer fundo adicional por o fazer e, consequentemente, não tinham qualquer incentivo directo para atrair pacientes. Aliás, na verdade, tinham o incentivo oposto; dado que qualquer paciente adicional envolvia trabalho adicional e sem compensação por esse trabalho, havia o incentivo para atrasar a admissão, colocando os prováveis pacientes numa lista de espera ou tentando enviá-los para outros prestadores. Não é a melhor maneira de prestar um serviço de alta qualidade.

A concorrência entre prestadores, por si, sem a escolha do utente, apresenta um conjunto diferente de problemas. Num certo sentido, pode haver um incentivo para melhorar, mas não necessariamente da maneira que os utentes querem. Por exemplo, as recompensas ao pessoal dos hospitais e universidades reflectem com frequência factores como resultados de investigação ou reconhecimento dos colegas, considerações que podem não estar relacionadas com as suas qualidades como médicos ou professores, pelo menos conforme são vistas pelos utentes. Além disso, os incentivos são comprovadamente menos eficientes do que os oferecidos pela escolha. Nada concentra a mente de forma mais eficaz do que a perspectiva de ninguém utilizar o seu serviço.

Portanto, o modelo para a prestação de serviços públicos que depende da escolha do utente associado à concorrência entre prestadores pode trazer grande autonomia ao utente, maior qualidade ao serviço, maior eficiência, melhor atendimento e maior equidade do que as alternativas. Contudo, a palavra "pode" é importante aqui. Pois este modelo pode ter estes resultados desejáveis em algumas situações, mas não em todas. De facto, existem muitos problemas que os modelos de escolha e concorrência enfrentam e, como consequência, é preciso que se verifiquem muitas condições antes de funcionarem tão naturalmente como se sugere.

De facto, para o modelo de escolha e concorrência satisfazer realmente os objectivos dos serviços públicos (ou, pelo menos, se aproximar mais de atingir esses objectivos do que as alternativas) depende das condições em que é utilizado e de os vários instrumentos políticos envolvidos estarem devidamente estruturados. Estes, por sua vez, dependem em grande parte da natureza do serviço em causa; por isso são analisados nos capítulos subsequentes no contexto dos cuidados de saúde e educação.

Porém, existem três objecções habitualmente levantadas em relação ao modelo de escolha e concorrência: objecções que são menos técnicas e menos específicas de um contexto do que as condições para o sucesso que serão analisadas nos próximos capítulos, mas que, talvez por essa razão, são muito mais importantes. São elas que as pessoas "não querem a escolha", que a escolha é "uma obsessão da classe média" e que a escolha e a concorrência "ameaçam o domínio público".

As Pessoas Não Querem Escolha

É frequentemente defendido – muitas vezes por aqueles que já têm uma grande dose de escolha nas suas vidas – que os utentes dos serviços públicos não querem realmente escolher. Esta declaração sobre a irrelevância essencial da escolha contrasta muitas vezes com aquilo que é alegado ser a preferência por melhor qualidade, repetidamente expressa em frases como "as pessoas não querem escolha, querem um bom serviço local". Por exemplo, o *think tank* de centro-esquerda Fabian Society afirma o seguinte sobre a escolha de escolas.

> Em alguns casos, o bem-estar pessoal pode mesmo ser melhorado com a eliminação da necessidade de escolher e pela segurança de participar numa escolha determinada por uma condição única para todos. Por exemplo, quantos pais prefeririam enviar as suas crianças para a escola local, sem qualquer escolha na matéria, sabendo que a educação oferecida corresponde a um padrão nacional de elevada qualidade, em vez de se lançarem na competição por vagas, denominada escolha dos pais, que tantas vezes significa apenas legar o mesmo destino dos pais dos que estão impossibilitados de mudar os filhos para "boas escolas"?
>
> LEVETT *et al.* (2003, página 55)

Este argumento foi sublinhado por um livro recente do académico norte-americano Barry Schwartz: *The Paradox of Choice*. Este defende – e na verdade demonstra através de experiências comportamentais – que os consumidores, pelo menos no que diz respeito aos bens de consumo, muitas vezes consideram o excesso de escolha insatisfatório e desmotivante (Schwartz, 2004). Este e outros críticos da escolha também realçaram que esta dá azo ao arrependimento: e quanto maior for a escolha disponível, mais probabilidade existe de uma determinada escolha feita resultar em arrependimento.

É verdade que quando se oferece às pessoas uma alternativa entre um bom serviço local e a possibilidade de escolha de serviços, o mais provável é que estas dêem prioridade à qualidade do serviço. De modo que, por exemplo, um estudo da revista *Which?*, da British Consumer Association[11], descobriu que as pessoas "valorizam o acesso e a qualidade" mais do que a escolha em fundos de pensões, serviços de saúde e educação (*Which?*, 2005, página 7)[12]. No entanto, basta uma reflexão rápida para perceber que pedir às pessoas para classificar a qualidade acima da escolha não faz sentido. Se lhe oferecem um televisor perfeito ou uma variedade de televisões, claro que qualquer pessoa escolhe o primeiro. Um serviço de qualidade não é uma alternativa à escolha; antes, a escolha é um dos meios possíveis para obter um serviço de qualidade. A questão não deve ser "Prefere a qualidade em vez da escolha?" mas "Pensa que um serviço de boa qualidade será melhor prestado por um sistema em que pode escolher ou por um em que não pode?"

Schwartz tem razão ao chamar a atenção para os problemas associados ao excesso de escolha. No entanto, não se pode saltar do reconhecimento destes problemas para a afirmação de que as pessoas não querem a escolha. Na verdade, quando se colocam às pessoas questões sensatas sobre escolhas em serviços públicos – especialmente quando estão a partir de uma situação com pouca ou nenhuma escolha (o sistema que imperava em muitos serviços públicos britânicos até há relativamente pouco tempo) – tal escolha é valorizada.

Veja-se, por exemplo, uma sondagem levada a cabo pela YouGov para a *The Economist* sobre escolha na saúde e na educação, que contou com uma amostra de 2250 eleitores britânicos em 2004

(*The Economist*, 7 de Abril de 2004). O estudo concluiu que 76 por cento dos que tinham crianças a frequentar escolas públicas consideravam muito importante ou relativamente importante ter mais escolha sobre as escolas onde os filhos andavam, enquanto 66 por cento consideravam importante ter mais escolha no que diz respeito ao hospital que os tratava.

Curiosamente, no que respeita aos cuidados de saúde em particular, mais de metade pensaram ser mais importante o SNS dar maior controlo aos pacientes do que disponibilizar mais dinheiro para este organismo.

E este não é um resultado anormal. Um estudo da empresa de pesquisa de opinião MORI (hoje Ipsos MORI), feito em 2003 para a Birmingham and the Black Country Strategic Health Authority concluiu que 77 por cento das pessoas gostariam de efectuar a sua própria escolha de hospital[13]. Outro estudo da MORI entrevistou 1208 membros do grande público, em Agosto/Setembro de 2003, perguntando-lhes o que representaria melhor os seus sentimentos, caso um médico de clínica geral decidisse que necessitavam de tratamento e lhes oferecesse a escolha de um hospital na sua área ou no resto do país: 15 por cento disseram que gostariam eles próprios de tomar a decisão e 62 por cento que prefeririam tomar a decisão mas precisariam de conselhos e orientação para os ajudar a decidir (Page, 2004). E ainda outro estudo da MORI, realizado junto de 1106 adultos em 2005, concluiu que 60 por cento dos inquiridos achava que ter mais escolha de serviços de saúde, além do hospital, iria melhorar os serviços; apenas quatro por cento consideraram que isso os tornaria piores (Pfizer/MORI Health Choice Index, 2005).

E não temos de confiar apenas em inquéritos sobre o que as pessoas dizem que querem. Também existem dados quanto àquilo que as pessoas realmente fazem se lhes é oferecida a possibilidade de escolha. Há alguns anos, o SNS britânico conduziu uma série de "projectos-piloto de escolhas". Eram experiências que ofereciam aos pacientes à espera há mais de seis meses por determinado tipo de cirurgia electiva – sobretudo cirurgia cardíaca e remoção de cataratas – a possibilidade de escolha de um hospital alternativo. Em cada caso foi oferecida aos pacientes uma escolha de três ou quatro hospitais para os seus tratamentos; em alguns casos eram ajudados na escolha por um "patient care adviser" (conselheiro de cuidados do paciente).

Os projectos-piloto foram avaliados de modo sistemático (Coulter *et al.*, 2005; Dawson *et al.*, 2004). Revelaram grande aceitação. O grau de aprovação foi elevado: 67 por cento dos pacientes a quem foi oferecida uma escolha em Londres aceitaram a oportunidade de serem tratados mais rapidamente num hospital alternativo, 75 por cento em Manchester e 50 por cento no sistema de cardiologia de todo o país.

Regra geral, geraram um alto grau de satisfação dos pacientes em termos de processos e resultados. Os comentários típicos incluíam:

- "a ideia da escolha por parte do paciente é brilhante quando significa que a operação é possível muito mais cedo – absolutamente recomendável"; e
- "Penso que o projecto de escolha por parte do paciente é excelente – espero que continue e que outras pessoas possam beneficiar do plano tal como eu."

Grupos de discussão e entrevistas aprofundadas confirmam esta perspectiva sobre a popularidade generalizada da escolha. Um estudo encomendado pelo Departamento de Saúde ao National Consumer Council encontrou entrevistados que se sentiam convictos do seu direito a uma escolha nos cuidados de saúde.

> Assim que passamos a porta do consultório do médico, não vejo porque não devemos ter desde logo o direito de escolha. Não digo decisões, digo escolhas.
>
> Mulher com ligeiro problema de saúde mental, 45-54 anos

> Se não estou a receber ajuda em nenhum lado, se há um médico que não está a ajudar, então posso ir a outro da minha escolha. É por isso que a escolha é importante – posso ir a outro lado qualquer mais depressa e rapidamente e conseguir que façam alguma coisa.
>
> Homem asiático, mais de 50 anos

Portanto há pessoas que querem a escolha. Mas são apenas algumas pessoas – especialmente, como muitos acreditam, as mais ricas?

A Escolha É uma Obsessão da Classe Média

Resultados provenientes do fidedigno *British Social Attitudes Survey* respeitantes às atitudes das pessoas perante a escolha revelam outra afirmação comum dos críticos da escolha e concorrência: a de que "a escolha é uma obsessão das classes médias suburbanas"[14], nas palavras de um proeminente político trabalhista que se opõe às medidas do governo nesta área.

No global, o *British Social Attitudes Survey* revelou um panorama semelhante ao dos estudos já mencionados. Questionados se os pacientes deveriam poder escolher o tratamento, o hospital e a hora da consulta em ambulatório, 65 por cento dos inquiridos defendeu que os pacientes deveriam ter bastante ou uma grande diversidade de escolhas de tratamento, 63 por cento disseram o mesmo da escolha do hospital e 53 por cento da hora da consulta.

Mas este estudo também dividiu os resultados por género, classe social, rendimento e educação. E estes resultados serão considerados por muitos bastante inesperados. Porque mostram que, embora existam maiorias dentro de cada grupo que quer a escolha, são mais amplas as maiorias nos grupos menos poderosos ou mais desfavorecidos. Assim, 69 por cento das mulheres querem escolha de hospital, em comparação com 56 por cento dos homens; que 67 por cento dos trabalhadores com baixas ou nenhumas qualificações querem a escolha, em comparação com 59 por cento dos executivos e profissionais liberais; que 70 por cento daqueles que ganham menos de dez mil libras (11 930 euros) por ano queriam escolha, mas apenas 59 por cento dos que ganham mais do que 50 000 libras (59 665 euros); e, por último, 69 por cento daqueles sem habilitações literárias querem escolha, em comparação com os 56 por cento dos que possuem habilitações literárias superiores (Appleby e Alvarez-Rosete, 2005).

Esta preferência dos mais desfavorecidos pela escolha não se confina à saúde. A Audit Commission descobriu exactamente o mesmo quando estudou a atitude das pessoas em relação ao aumento da escolha nos serviços de âmbito local. Mais especificamente, a comissão descobriu que os que estavam a favor da escolha eram "os menos privilegiados, as mulheres e aqueles que viviam no Norte e nas Midlands" (Audit Commission, 2004, *Summary*).

Este tipo de resultados – maiorias sustentadas a favor da escolha, sobretudo entre os desfavorecidos – não se confina à Grã-Bretanha. O Joint Center for Political and Economic Studies dos Estados Unidos conduziu uma National Opinion Poll, em 1999, de inquérito ao apoio aos *vouchers* na educação e à escolha de escola. Concluiu que, a nível nacional, 52 por cento dos pais e 59 por cento dos pais com filhos em escolas públicas apoiavam a escolha de escola. No entanto, a proporção era mais elevada quando se consideravam as minorias étnicas: 60 por cento das minorias apoiava os *vouchers*, enquanto 87 por cento dos pais negros com idades entre os 26 e 35 anos e 66,4 por cento dos negros entre 18 e 25 anos apoiavam os *vouchers* (Bositis, 1999).

Da mesma maneira, um estudo na Nova Zelândia descobriu que 96 por cento dos pais indicaram que gostariam de poder escolher a escola dos filhos, 80 por cento dos pais concordaram que a educação deveria ser financiada de forma a possibilitar-lhes terem dinheiro para colocar os filhos na escola da sua escolha e que uma proporção mais elevada de pais com um rendimento anual de 30 000 dólares (23 820 euros) ou menos concordava mais firmemente com a última afirmação do que aqueles com rendimentos superiores a 30 000 dólares (Thomas e Oates, 2005).

Adicionalmente, uma investigação sobre a orientação política dos jovens adultos (18-30 anos) levada a cabo em Helsínquia, Finlândia, descobriu que mais pessoas com níveis educativos mais baixos queriam a escolha nos serviços públicos, mais concorrência entre os prestadores de serviços públicos e privados e, em geral, mais participação privada na produção e prestação de serviços básicos (Martikainen e Frediksson, 2006, pp. 53-55, 105, 106).

Tal como vimos, não é verdade que os pobres não queiram escolhas. Mas isto pode não ser suficiente para satisfazer os críticos; pois estes podem argumentar que mesmo se os pobres dizem que querem mais escolha, na prática se esta lhes for oferecida não a aproveitarão – pelo menos não com o mesmo grau que as classes médias mais assertivas (ver, por exemplo, Appleby *et al.*, 2003). No entanto, também há evidências de que os pobres aproveitarão realmente as escolhas se tiverem pelo menos tantas como os mais abastados. A avaliação dos projectos-piloto de escolha do SNS britânico levada a cabo pelo Picker Institute não encontrou diferenças significativas no aproveitamento da escolha entre os grupos sociais, fossem definidos em termos de género, grau de educação, rendimento familiar ou grupo étnico: todos apresentavam resultados de 65 por cento ou mais. A única diferença que a avaliação encontrou foi entre empregados e desempregados, com, sem surpresas, mais dos primeiros, 73 por cento, a pretenderem aproveitar a escolha do que dos últimos, 63 por cento (Coulter *et al.*, 2005). Um estudo do projecto Greater Manchester Choice produziu resultados semelhantes, concluindo que "não parece existir uma diferença significativa na aceitação [pelos pacientes] de prestadores alternativos associada ao grupo étnico, género ou IPM (Índices de Privação Múltipla) da área de residência de um paciente" (Joseph *et al.*, 2006, p. 5).

Portanto, em geral, os pobres, os que não têm posses e os desfavorecidos querem *mais* escolha do que as classes médias que alegadamente são acerrimamente pró-escolha. Tal como afirma a Audit Commission (2004, *Summary*): "são exactamente aqueles grupos, que muitos pensam serem menos capazes de beneficiar com a escolha, que mais a querem."

Pensando bem, nem isto devia ser surpreendente. Visto que, como observámos no capítulo anterior, as classes médias orientam-se bem nos sistemas de não-escolha. Com as suas vozes estridentes e costas quentes, e com a sua capacidade para mudar de casa se for preciso, os mais abastados gozam de melhores cuidados hospitalares, melhores cuidados preventivos e melhores escolas. Este é um ponto a que voltaremos mais à frente.

A Escolha e o Domínio Público

Existe uma tradição intelectual que reage ferozmente contra os argumentos a favor do uso da escolha e concorrência como modelo para a prestação de serviços públicos. Membros dessa tradição sentem-se desconfortáveis com as políticas de escolha dos governos (de direita ou esquerda) e com os argumentos de quem defende a escolha nesse contexto, sobretudo associada a termos como concorrência e quase--mercados. Para estes, isso indica que o governo em causa e os seus consultores têm uma obsessão com o consumismo e o capitalismo, uma obsessão determinada em transformar os prestadores do sector público em pouco mais do que supermercados orientados para o lucro. E o consumismo (e os supermercados), juntamente com o capitalismo desenfreado, são algo de abominável.

Os pressupostos subjacentes a este argumento parecem ser os seguintes: Os prestadores de serviço público não são como supermercados, especialmente quando se leva em consideração aqueles que neles trabalham e as suas responsabilidades perante os utentes. De facto, aqueles que trabalham no sector público incorporam valores de altruísmo e justiça social – em contraste com os do sector privado, orientados por uma busca implacável do lucro. Por outras palavras, o sector público é gerido por cavaleiros, o sector privado por canalhas. A introdução da escolha e concorrência, sobretudo se a segunda vier do sector privado, conduzirá inevitavelmente à eliminação do altruísmo ou do espírito do serviço público. Os canalhas substituirão os cavaleiros. Hospitais e escolas tornar-se-ão meros supermercados, vendendo a última moda na educação e na saúde.

Dito de um modo mais elegante, escolha, concorrência e termos relacionados, como quase-mercado, prestador e consumidor, não são – ou não devem ser – da esfera ou do domínio público. Nas palavras de David Marquand:

> [A] linguagem do comprador e vendedor, produtor e consumidor não pertence ao domínio público; nem as relações que esta linguagem implica. As pessoas são consumidoras apenas no domínio do mercado; no domínio público são cidadãos. Tentativas para forçar a entrada destes relacionamentos num mercado minam a ética de serviço, verdadeiro garante da qualidade no domínio público. Ao fazê-lo empobrecem toda a sociedade.
>
> MARQUAND (2004, p. 135)

Encontramos aqui reminiscências dos argumentos de um dos primeiros arquitectos do Estado-Providência, Richard Titmuss. Que argumentava desta forma:

> O mercado privado no sangue, nos hospitais, nas salas de operações e nos laboratórios e noutros sectores da vida social orientados para o lucro limitam as respostas e restringem as escolhas de todos os homens – seja qual for a liberdade que, durante algum tempo, isso possa conferir a alguns homens para viverem como desejam. É responsabilidade do Estado, actuando por vezes através dos processos a que chamamos "política social", reduzir, eliminar ou controlar as forças coercivas do mercado que colocam os homens em situações em que têm menos liberdade ou pouca liberdade para fazerem escolhas morais e se comportarem de forma altruísta, se assim o quiserem.

E prosseguia:

> Se é aceite que o homem tem uma necessidade sociológica e biológica de ajudar, então, negar-lhe oportunidades para expressar essa necessidade é negar-lhe a liberdade para entrar em relações de dádiva.
>
> TITMUSS (1997, pp. 310, 311)

Outra forma de crítica relacionada com esta é a de usar teorias económicas tradicionais relativas ao falhanço do mercado para avaliar a ideia de alargar a escolha e concorrência ao sector público. Por exemplo, David Lipsey, um conselheiro do governo trabalhista na década de 1970, e actualmente membro do partido na Câmara dos Lordes, num importante artigo intitulado "Too Much Choice" (Demasiada Escolha), chama a atenção para três características dos serviços públicos que os tornam diferentes do tipo de mercadorias vendidas nos supermercados e assim inapropriados para a introdução de escolha e concorrência: geram "externalidades" (ou seja, beneficiam outras pessoas que não o utente imediato) e constituem problemas de agenciamento e de informação para os utentes (Lipsey, 2005).

A pouca informação do utente é um problema genuíno para a escolha na saúde e na educação – ainda que não mais do que para outros métodos que dão poder aos utentes desses serviços, incluindo a sua capacidade para utilizar a "voz" – e abordaremos isso com mais detalhe quando examinarmos esses serviços nos capítulos seguintes. Contudo, os outros argumentos económicos são mais discutíveis, sobretudo quando dirigidos a esses serviços. A maioria dos cuidados de saúde não gera externalidades e os cuidados de saúde onde isso acontece, como a vacinação contra doenças infecciosas, são lidadas de forma mais apropriada não pela negação aos pacientes da escolha do hospital, mas pela prestação gratuita de cuidados no local – um princípio, aliás, subjacente à maioria dos sistemas de quase-mercado nos cuidados de saúde. As externalidades da educação lidam-se, mais uma vez, de forma mais eficaz, não por negarem aos pais a escolha da escola, mas pela frequência obrigatória da mesma e por um plano curricular nacional. No que respeita ao agenciamento (o facto de os agentes actuarem em nome dos utentes em vez dos próprios), muitos defendem que este é um problema particular da educação, onde os pais fazem escolhas em nome dos filhos. No entanto, não usamos isto como razão para impedir os pais da classe média de escolherem escolas privadas para os seus filhos; e não é evidente porque devemos usá-lo como justificação para negar aos mais desfavorecidos o poder de escolher entre escolas públicas.

O artigo de Lipsey é, de facto, uma crítica equitativa da escolha e não exclui o alargamento da escolha do utente em algumas circunstâncias. Mas, de certa maneira, o interesse do artigo não reside nos detalhes dos argumentos usados, por mais relevantes que sejam, mas no seu tom. Pois, como nos casos de Marquand e Titmuss, este é, em termos gerais, crítico da aplicação da filosofia do pensamento de mercado ao sector público, que, a seu ver, envolve adoptar uma "analogia [que] é imperfeita".

Será esta forma de pensar forçosamente corrosiva da "ética do serviço" e será que mina o domínio público? O primeiro ponto a realçar é de que existem áreas do domínio público onde os quase-mercados funcionam e as consequências não parecem ser tão terríveis como Marquand e outros profetizaram. As universidades britânicas, por exemplo, operam com fundos do Estado e sob pressão concorrencial; o mesmo sucede com a BBC. Embora tanto as universidades como a

BBC tenham os seus problemas, não parece que lhes falte totalmente a ética de serviço. Na verdade, sob várias perspectivas, estão, provavelmente, entre os serviços público britânicos de maior sucesso; longe de "empobrecer toda a sociedade", aos olhos de muita gente, enriquecem-na significativamente([15]).

Além disso, existem já áreas substanciais dentro do "domínio público" dos cuidados de saúde e do ensino primário e secundário onde já opera o quase-mercado, em muitas delas há bastante tempo. Desde a fundação do SNS britânico que este contrata médicos de clínica geral e dentistas que operam como empresas privadas. Farmacêuticos e oftalmologistas, todos eles empresas privadas a funcionar em mercados concorrenciais, prestam serviços subsidiados pelo SNS e têm-no feito desde 1948. Muitos serviços de saúde mental são prestados por operadores do sector privado. Na educação, as chamadas escolas de financiamento voluntário (*voluntary aided schools*) são propriedade de uma autoridade educativa ou de uma fundação de beneficência, sendo a primeira a entidade empregadora em termos legais. E muita "educação" suplementar, como a da música, do desporto ou da condução, é prestada de forma privada. Se todos estes têm arruinado o domínio público, então estão a fazê-lo há bastante tempo.

Parte das preocupações sobre esta área, expressas, especialmente, por Titmuss, dizem respeito ao impacto da introdução de incentivos típicos do mercado na motivação dos profissionais. Dito de forma simples, teme-se que acabe o altruísmo profissional, substituído pelo interesse pessoal: que os cavaleiros do sector público sejam transformados em canalhas do sector privado. Há dados referentes a esta questão que analisei com algum detalhe noutro lado e não irei repetir aqui (Le Grand 2003, capítulo 4). Basta dizer que, embora existam alguns estudos que mostram realmente uma substituição do altruísmo pelo interesse próprio quando foram introduzidos os incentivos típicos do mercado onde não havia, há outros que não. Na verdade, num caso, o das cuidadoras voluntárias, a introdução de pagamentos típicos do mercado parece ter, na verdade, reforçado as motivações humanitárias das pessoas envolvidas. De uma forma geral, esta pesquisa, associada ao facto de alguns elementos do espírito do serviço público parecerem manter-se nos quase-mercados mencionados nos dois parágrafos anteriores, apesar da sua longevidade, sugere que a preocupação no que respeita ao seu possível fim pode ser, no mínimo, um pouco exagerada e, no máximo, completamente desadequada.

Por último, há a questão dos próprios utentes. Se não lhes for permitido agirem como consumidores no domínio público, exercendo o direito de abandonar um prestador, se estão insatisfeitos com o serviço que recebem e não lhes for permitido escolher outro, então como devem agir? A resposta pode ser como "cidadãos": mas isso deixa sem resposta a questão de como deve agir um cidadão.

De facto, se a escolha lhes for negada, existem apenas duas opções possíveis para os cidadãos que lidam com um mau serviço público. Uma é aceitar passivamente o mau serviço – serem "peões", como discutimos num capítulo anterior, ou "pobres dos serviços", como Robert Pinker descreveu aqueles que lidam com monopólios unitários de assistência social (Pinker, 1971, p. 142; ver também Pinker, 2006). A outra é fazer exprimir a sua "voz", individual ou colectivamente. Suspeito que esta é a opção que aqueles que usam a linguagem da cidadania irão preferir; mas, como vimos, este é um modelo de eficácia duvidosa e que aqueles no escalão mais baixo da sociedade terão dificuldade em usar com sucesso. Por isso, neste mundo, o domínio público é um lugar em que os serviços são prestados por cavaleiros mas onde os utentes são uma combinação de peões da classe trabalhadora e activistas da classe média com vozes estridentes e costas quentes; não é a visão mais agradável.

De facto, a visão de que os serviços públicos são formados por cavaleiros prestáveis e acolhedores não é necessariamente aquela em que o público acredita. Quando questionados pela MORI acerca das palavras que pensavam melhor ajustar-se aos serviços públicos britânicos de hoje, os adjectivos mais escolhidos foram (em ordem descendente) burocrático, exasperante, impessoal, esforçado (uma nota positiva aqui), indiferente e irresponsável. Os menos escolhidos foram amigável, eficiente, honesto e transparente (MORI, 2005).

O público também não tem medo dos canalhas no sector privado. Quando a MORI disse às pessoas do Black Country que o SNS iria pagar pelos pacientes que efectuassem as suas operações nos hospitais privados e lhes perguntou se isso os deixava satisfeitos, 71 por cento respondeu que sim, em comparação com apenas 11 por cento que se confessaram insatisfeitos. Tal não é surpreendente, dado que, em geral, estas pessoas consideraram os hospitais privados locais de qualidade mais elevada do que os do Serviço Nacional de Saúde[16].

A ideia de que o sector privado presta melhores serviços do que o público aplica-se no Black Country a um nível mais amplo do que a saúde. Quando o *British Social Attitudes Survey* perguntou às pessoas se era o governo ou o privado quem melhor prestava um serviço de boa qualidade, 51 por cento optaram pelo privado, em comparação com 41 por cento que preferiram o governo. E quando inquiridos se as empresas privadas ou o governo eram melhores no que diz respeito a gerir eficazmente o custo dos serviços, 55 por cento preferiram as empresas privadas, em comparação com os 39 por cento que escolheram o governo (Appleby e Alvarez-Rosete, 2005).

Compreensivelmente, a área do *British Social Attitudes Survey* onde as pessoas preferiam o governo às empresas privadas tinha a ver com a sua capacidade de direccionar serviços para onde eram mais necessários. Isto deve-se, presumivelmente, a observarem as empresas privadas a seguirem os mercados privados normais no favorecimento dos mais abastados. Mas os quase-mercados não sofrem deste problema; em vez disso, como veremos nos capítulos seguintes, as políticas de financiamento ao abrigo das reformas de escolha e concorrência podem ser concebidas para encorajar os prestadores a irem de encontro às necessidades dos mais desfavorecidos e até se especializarem a fazê-lo.

Conclusão

Espero ter mostrado neste capítulo que uma combinação de escolha e concorrência pode proporcionar os incentivos certos para os prestadores fornecerem um serviço com capacidade de resposta e elevada qualidade – um serviço que respeite os seus utentes e que seja produzido de uma maneira eficiente e equitativa. Também defendi que comparar pessoas que querem escolha com pessoas que querem um bom serviço local é uma falsa dicotomia; que, realmente, as pessoas querem escolha; que a escolha pode ser a forma de conseguir um bom serviço local; que, longe de ser uma obsessão da classe média, os mais desfavorecidos querem escolha mais do que as classes médias; e que a escolha e a concorrência podem melhorar, e não destruir, o domínio público.

A verdade é que o domínio público não tem nenhum monopólio da virtude, nem o sector privado nenhum monopólio do vício. As instituições públicas não são geridas apenas por cavaleiros; as empresas privadas não são geridas apenas por canalhas. Os utentes não são peões mas indivíduos autónomos que têm direito tanto a ter voz como a ter escolha. A chave é entender a complexidade das motivações individuais e conceber sistemas de incentivo adequados. Essa será a tarefa dos próximos capítulos no contexto da educação e cuidados de saúde.

CAPÍTULO 3

Educação escolar

OS SISTEMAS DE EDUCAÇÃO DE TODO O MUNDO TÊM VINDO a experimentar o alargamento da escolha parental em matéria de educação escolar. Na Grã-Bretanha, desde 1989 que os pais possuem, em princípio, o direito de enviar os seus filhos para qualquer escola pública da sua escolha, sujeitos à existência de vagas disponíveis. A Suécia introduziu a possibilidade de escolha entre escolas públicas e escolas independentes de financiamento público em 1992. A Nova Zelândia proporciona aos pais algumas hipóteses de escolha desde 1989. Nos Estados Unidos, tem havido nos últimos anos muitas experiências com vários esquemas de *vouchers* para a educação. E a Bélgica e a Holanda permitem há muito que os pais escolham as escolas, com o financiamento decidido depois de feitas as escolhas.

No entanto, aumentar a escolha parental na educação continua a ser algo de altamente controverso. Os críticos desta política alegam que a escolha conduz a uma concorrência pouco saudável entre escolas, prejudicando os padrões de ensino; e que é injusto e semeia a discórdia nas comunidades, encorajando a polarização e a segregação por classe, raça e religião. Os seus defensores argumentam que, pelo contrário, a concorrência eleva a qualidade e a rapidez de resposta; que a escolha é benéfica em termos da mistura de comunidades quando comparada com sistemas alternativos de colocação de alunos, como os que são baseados na captação em áreas de residência onde já existe segregação; e, dando maior poder aos membros mais desfavorecidos da comunidade, promoverá também uma maior equidade.

Abordamos neste capítulo algumas destas questões. Começamos com uma breve discussão sobre os fins ou objectivos da política educativa. A seguir, analisamos resumidamente os dados internacionais sobre o impacto da escolha e concorrência na educação escolar e inspiramo-nos nesses dados e na teoria para delinear as grandes lições para a política de escolha e concorrência de modo a que esta possa alcançar com êxito aqueles fins.

Fins e Meios

Como salientámos no capítulo 1, a avaliação da conveniência de uma política específica ou de uma reforma política tem de levar em linha de conta a totalidade dos fins e meios gerais dessa mesma política. Na verdade, são inúmeros os potenciais fins de um sistema de educação escolar financiado pelo Estado. Porém, tal como em outros serviços que já discutimos, é provável que na maioria dos países, e na maior parte das vezes, estes se possam reger pela qualidade, eficiência, equidade e capacidade de resposta ou de atendimento. No entanto, existe ainda outro fim mais específico à educação escolar: a inclusão social.

Aumentar a qualidade geral do sistema escolar é, talvez, o principal objectivo de qualquer política de educação. Porém, como vimos no capítulo 1, a qualidade está longe de ser um conceito que não levanta problemas. Esta pode referir-se aos "inputs" no sistema: os professores, os edifícios das escolas, o equipamento escolar. Em alternativa, pode referir-se aos "fluxos" ou aos factores de "processamento" do sistema, como a satisfação que pais e alunos obtêm da experiência escolar concreta e/ou o número de alunos que fazem os exames nacionais. Ou – e este é o seu uso mais comum – pode significar os "resultados" do sistema, como o desempenho nos exames nacionais ou indicadores mais gerais das capacidades e conhecimento adquiridos pelos alunos e estudantes em resultado da sua frequência da escola. E, de forma ainda mais ambiciosa, o conceito de qualidade pode também referir-se ao impacto global do sistema na economia e na sociedade em geral: a contribuição da educação escolar para a formação da força de trabalho, para a produtividade laboral, para a compreensão que os cidadãos têm dos valores sociais e culturais e para aumentar o seu potencial criativo.

Na prática, a maior parte da atenção empírica está normalmente focada ou nos inputs educativos ou numa interpretação relativamente restrita dos resultados: os padrões de sucesso educativo medidos pelos resultados de exames ou outros tipos de teste. Assim, inevitavelmente, é nisto que nos vamos concentrar neste capítulo. Salientando, no entanto, que se trata apenas de uma representação parcial da qualidade global de um sistema educativo.

Como acontece com outros serviços, a eficiência é normalmente associada ao simples corte nas despesas e, como tal, pode provocar resistência generalizada nos círculos educativos, especialmente entre os profissionais. No entanto, uma abordagem mais complexa aceita que a qualidade da educação prestada não pode ser o único interesse de um sistema educativo e que a forma através da qual os recursos educativos (ou inputs) são usados também é importante. Porque, se os recursos forem desperdiçados, os resultados serão mais pobres do que seriam se fossem usados de forma eficiente. Sendo tudo o resto igual, é preferível uma educação de alta qualidade e baixo custo do que uma com qualidade semelhante mas custos maiores.

Alcançar uma maior capacidade de resposta aos desejos e necessidades expressos por pais, alunos e estudantes é, ou devia ser, um fim ou um objectivo da maior parte dos sistemas escolares. Tal como referimos antes, isto pode justificar-se através do princípio da autonomia de Albert Weale: todas as pessoas têm o direito de ser respeitadas como agentes deliberativos e dotados de propósito capazes de formular os seus próprios projectos. Este respeito é um elemento importante de qualquer serviço financiado por dinheiros públicos, em parte porque é intrinsecamente desejável, mas também por ser essencial à manutenção do apoio público ao sistema. Não há nada mais propenso a afastar os pais do sector público do que ter de lidar com arrogância profissional ou obstrução burocrática.

Tal como acontece com a qualidade, a equidade na educação é um termo muito polémico. Tem sido referida de formas muito variáveis, como a igualdade de oportunidade, a igualdade de acesso e a igualdade de resultados. Uma interpretação comum da igualdade de oportunidade ou igualdade de acesso (utilizadas frequentemente quase como sinónimos) é a de que a qualidade e a quantidade de educação que uma criança recebe deve depender apenas da sua capacidade para beneficiar com essa mesma educação. Isto é, a educação que uma criança recebe deve ser independente do rendimento dos pais, classe social, etc., excepto na medida em que afectem a sua capacidade. A igualdade de resultados pode também ser interpretada de várias maneiras: a mais adoptada na maior parte do trabalho empírico é a da redução das diferenças nos padrões de avaliação entre escolas.

Por fim, promover uma noção de inclusão social, e, talvez num sentido mais amplo, o sentimento de cidadania, pode ser visto como uma função essencial do sistema educativo de uma nação. A ideia de que as escolas servem de *melting pot* da sociedade, dissolvendo as divisões culturais que podem, de outro modo, criar fragmentação social e conflito, é muito antiga mas ainda é importante – especialmente num mundo onde os vários tipos de migração parecem estar em crescimento.

No entanto, há aqui mais uma vez espaço para a discordância, especialmente sobre a natureza da comunidade em que a criança vai ser incluída. Será que a comunidade relevante é a local? Ou deve a inclusão ser definida regionalmente, nacionalmente ou até internacionalmente? Aliás, será que a comunidade relevante tem de ser, necessariamente, assente na geografia? Para alguns grupos, incluir os seus filhos em comunidades religiosas ou étnicas pode ser mais importante do que educá-las para fazerem parte da cidade, região ou nação. E isto, por sua vez, levanta mais uma questão: quem é que deve decidir qual é a comunidade relevante – os pais, a criança, o professor ou quem estabelece as políticas?

Em grande parte das políticas governamentais está implícita a presunção de que a comunidade relevante é a nacional. Por conseguinte, devemos assumir que uma política é indesejável quando não promove a inclusão entre grupos sociais por todo o país. Mais especificamente, já que o estatuto socioeconómico e a etnia estão entre as principais linhas divisórias actuais da sociedade, vamos considerar uma política como indesejável quando, sendo tudo o resto igual, contribui para segregação escolar entre os mais abastados e os pobres e/ou entre diferentes grupos étnicos.

Por fim, é importante referir que nem todos estes fins podem ser alcançados em simultâneo. Por exemplo, pode muito bem dar-se o caso de que a maneira mais eficiente de elevar o desempenho médio de um sistema de ensino em termos de resultados educativos seja através da concentração de recursos nos mais capazes, o que violaria certamente o sentido da equidade, seja qual for a sua definição. Para dar outro exemplo, alguns pais podem ficar satisfeitos apenas com um sistema escolar que lhes permita enviar os seus filhos para escolas segregadas por motivos religiosos ou sociais, uma decisão que poderá servir o objectivo da capacidade de resposta, mas que pode violar o objectivo mais amplo da inclusão social ou da noção nacional de comunidade. Nesses casos, pode haver necessidade de aceitar um qualquer tipo de compromisso entre objectivos, através de, digamos, a obtenção de maior qualidade à custa de alguma equidade, ou a promoção de uma noção mais alargada de comunidade nacional arcando os custos de não cumprir os desejos de segregação de alguns pais.

Então e em relação aos vários meios para atingir estes fins? Os argumentos teóricos de que, em determinadas circunstâncias, o modelo de escolha e concorrência para a prestação de serviços públicos pode ser melhor para promover a qualidade, eficiência, capacidade de resposta e equidade do que os modelos alternativos, que dependem da confiança, comando e controlo ou voz, foram apresentados nos capítulos anteriores. De forma breve, funcionam da seguinte maneira.

Se os pais podem escolher para que escola enviar o seu filho, e se o dinheiro acompanha a escolha, então as escolas mais bem sucedidas a atrair alunos atrairão também recursos e prosperidade, enquanto que as que o não fizerem fracassarão. As escolas, interessadas na sua própria sobrevivência por razões canalhas, por razões cavaleirescas ou ambas, terão um forte incentivo para elevar a qualidade da educação que prestam e a capacidade de resposta às necessidades e desejos expressos pelos pais. As escolas terão também um incentivo para serem eficientes e inovadoras, já que dessa forma serão capazes de proporcionar uma educação de alta qualidade a partir de recursos limitados. Tudo isto em contraste com os outros modelos de prestação de serviços sem escolha, onde esses incentivos ou não existem, ou são débeis ou perversos. Além disso, o poder de compra no modelo de escolha e concorrência está distribuído de forma igualitária, o que ajuda a promover resultados equitativos – mais uma vez em contraste com os outros modelos, que geralmente oferecem mais oportunidades às classes médias para manipular o sistema do que às mais desfavorecidas.

Isto é o que diz a teoria. Mas resulta assim na prática? Como vimos antes, vários países efectuaram experiências com a escolha e concorrência na educação escolar. O que aconteceu por lá? Os resultados desejados foram atingidos? E o objectivo "suplementar" da política educativa para o qual chamámos anteriormente a atenção: a inclusão social? Obteve-se maior qualidade e eficiência, mas à custa de maior exclusividade e segregação na escola?

O Impacto da Escolha e da Concorrência

Os dados sobre o impacto do modelo de escolha e concorrência estão, em grande parte, relacionados com as experiências da Suécia, Nova Zelândia, Estados Unidos, Inglaterra e País de Gales. Infelizmente, não cobrem todos os fins que discutimos, estando normalmente concentrados em dois: padrões de qualidade educativa, avaliados pelo desempenho nos exames; e segregação, avaliada pela proporção de diferentes grupos sociais em cada escola. Os dados foram utilmente analisados pela Unidade de Estratégia do primeiro-ministro e pelo Departamento para a Educação e Habilitações do Reino Unido, por Simon Burgess e colegas do Centre for Market and Public Organization da Universidade de Bristol e por Stephen Gorard e os seus colegas da Universidade de Gales (PMSU 2006a; Burgess *et al.*, 2005; Gorard *et al.*, 2003; ver também Le Grand, 2003, capítulo 8). A informação que se segue baseia-se nesses estudos.

Os pais na Suécia têm tido a possibilidade de escolher entre escolas independentes de financiamento público e as escolas públicas existentes desde 1992. Um número significativo de novas escolas independentes abriu entretanto, frequentemente inovadoras na forma, e têm demonstrado ser muito populares entre os pais.

É difícil avaliar o impacto nos padrões de qualidade, já que existem poucos exames nacionais, mas os estudos sugerem que as notas a matemática melhoraram mais rapidamente onde há mais concorrência. Citando uma dessas avaliações:

> O grau de concorrência das escolas independentes, medido como a proporção de alunos no município que frequenta escolas independentes, tanto melhora os resultados nos testes nacionais de matemática padronizados, como as notas nas escolas públicas. (...) [A] melhoria é significativa, quer em termos estatísticos, quer em termos quantitativos. Não existe indicação de que a expansão da escola independente tenha aumentado as despesas totais com as escolas. Assim, a melhoria dos resultados indica que a produtividade aumentou em todas as escolas.
>
> BERGSTRÖM e SANDSTROM (2002)

Embora existam alguns dados casuais indicando a ocorrência de algum tipo de segregação, não há dados concretos sobre o impacto da escolha na segregação (Agência Nacional de Educação da Suécia, 2003). Vale a pena salientar, contudo, que uma década depois das reformas, a Suécia permanece, no geral, como um dos países da OCDE onde existe menos segregação[17].

A Nova Zelândia introduziu a escolha da escola pelos pais em 1989. A divisão por áreas – colocação de crianças nas escolas por área de captação – foi abolida. As escolas foram retiradas do controlo das autoridades locais e receberam algumas liberdades orçamentais e a liberdade para controlar a admissão dos seus candidatos.

Com alguma surpresa, dado que a experiência da Nova Zelândia tem sido alvo de grande número de avaliações, não existem dados sobre o que aconteceu aos padrões de qualidade (Fiske e Ladd, 2000; Lauder e Hughes, 1999; Waslander e Thrupp, 1995). Porém, a segregação por grupo étnico, e, em menor grau, por situação socioeconómica, terá alegadamente aumentado. O mesmo foi atribuído pelos investigadores em causa a uma variedade de factores, sobressaindo o apoio limitado aos gastos de transporte e o *cream-skimming* nas escolas (isto é, a selecção de alunos mais fáceis ou mais baratos de ensinar) através do controlo das admissões. O controlo do governo sobre as admissões foi reintroduzido em 1999.

No entanto, deve salientar-se que a aceitação quase universal da alegação de que as reformas na Nova Zelândia levaram ao aumento da segregação foi contestada por Gorard *et al.* (2003, pp. 201-2), que observam que os resultados publicados do projecto mostram, na verdade, que a segregação diminuiu, apesar de os autores em causa terem uma interpretação oposta.

A experiência dos Estados Unidos varia de estado para estado. No programa A+ da Florida, as crianças que reprovam num exame padronizado que se realiza em todo o estado recebem um *voucher* que pode ser gasto em escolas privadas. Uma avaliação do programa concluiu que quanto maior era o grau de ameaça enfrentado pelas escolas de perder alunos com *voucher*, maior era a melhoria no desempenho (Greene e Winters, 2004).

Ainda nos Estados Unidos, o Milwaukee Parental Choice Program (MPCP) foi introduzido em 1989. Os pais cujo rendimento total não excedesse 175% do nível de pobreza tinham direito a candidatar-se a *vouchers* para os seus filhos frequentarem escolas privadas seculares. Foi permitida uma participação limitada a um por cento do total de matrículas no Milwaukee Public Schools District (MPSD). O *voucher* tinha o valor de 2500 dólares: apenas 38 por cento do financiamento por aluno dos estudantes no MPSD. O MPSD não perdia qualquer dinheiro se uma criança utilizasse o *voucher*. Em 1998, o tecto de matrículas foi aumentado para 15 por cento, o valor do *voucher* subiu para 5000 dólares, 45 por cento do financiamento dos alunos começou a vir do MPSD e o limite proporcional de alunos das escolas participantes que podiam ter *vouchers* foi aumentado.

O estudo oficial do programa teve apenas em consideração a versão pré-1998 (Witte, 1997). Comparou o desempenho dos alunos com *voucher* a uma amostra aleatória de alunos de escolas públicas e a uma amostra aleatória de candidatos ao plano que haviam sido rejeitados. A comparação de alunos com *voucher* a semelhantes alunos de escolas públicas revelou que não existiam diferenças no desempenho entre os dois grupos e que havia uma vantagem muito pequena (e estatisticamente insignificante) nos resultados em leitura.

Caroline Hoxby analisou o impacto da versão pós-1998 do programa, quando os incentivos eram maiores. Concluiu que, à medida que aumentava o grau de concorrência entre as escolas, os resultados dos testes melhoravam. Hoxby analisou também os dados do impacto no desempenho das escolas públicas em relação às escolas onde era possível escolher, não só em Milwaukee, mas também no Michigan e no Arizona. Encontrou indícios de uma melhoria substancial de desempenho nas escolas públicas, a partir do qual concluiu que os efeitos de indução da eficiência provenientes da concorrência eram mais do que suficientes para compensar quaisquer efeitos potenciais de *cream-skimming*. Examinou também os efeitos da concorrência entre escolas privadas e escolas públicas, e da concorrência entre as escolas públicas. Mais uma vez concluiu que a concorrência tinha um efeito positivo no desempenho (Hoxby 1994, 2002, 2003)[18].

Um estudo do plano de escolha em Chicago não descobriu qualquer aumento nos padrões que possa ser atribuído ao programa, mas concluiu que existia o aumento da segregação por capacidade. Contudo, no plano de Chicago, o dinheiro não acompanhava a escolha e as escolas não podiam expandir-se ou contratar de forma significativa (Cullen *et al.*, 2000).

A escolha parental da escola tem estado disponível nas escolas públicas em Inglaterra e Gales, teoricamente, desde 1989. As escolas têm tido alguma liberdade em relação ao seu orçamento e 75 por cento deste é proveniente de uma fórmula de financiamento por aluno, pelo que o dinheiro acompanha a escolha (pelo menos até 2006, quando o requisito dos 75 por cento foi abandonado). No entanto, porque na prática muitas escolas tinham, e têm, excesso de inscrições, foram usadas outras formas de colocação de alunos nas escolas, incluindo a colocação por área de captação e, nalguns casos, através das regras de admissão das próprias escolas. A somar a isto, aconteceram muitas outras mudanças na política de educação desde 1989, incluindo a imposição de um programa curricular nacional, o desenvolvimento de testes nacionais em conjunto com um *ranking* que inclui o desempenho comparativo das escolas nesses testes e, como vimos antes, várias medidas de comando e controlo como a introdução de uma hora obrigatória de numeracia e literacia. Por conseguinte, é difícil atribuir o que realmente aconteceu a qualquer desenvolvimento político em particular, incluindo aqueles associados com o aumento da escolha e da concorrência.

Não obstante, existem estudos que controlam estes outros factores e, por conseguinte, podem produzir alguns dados em relação ao impacto da escolha e concorrência. Stephen Bradley e colegas da Universidade de Lancaster demonstraram que as áreas, no Reino Unido, onde existe mais concorrência, medida pela proximidade entre escolas, parecem ter um desempenho de nível mais elevado. (Bradley e Taylor, 2002; Bradley *et al.*, 2001).

Ros Levačić (2004) da Universidade Aberta também examinou a relação entre concorrência e desempenho. Concluiu que a concorrência, medida em termos de cinco ou mais concorrentes, tinha um impacto positivo e estatisticamente significativo nos resultados dos exames. No General Certificate of Secondary Education (GCSE), de nível nacional, o indicador fundamental é a aprovação com cinco ou mais das maiores notas (notas A*, A, B e C). Levaãiç não descobriu nenhum impacto em termos dos alunos que obtiveram cinco ou mais aprovações do GCSE com notas de A* a G, mas um impacto positivo em termos da proporção de alunos que obtiveram cinco ou mais aprovações com notas A* até C. Levačić concluiu:

> As escolas respondem de facto a pressões concorrenciais para melhorar um indicador de desempenho especialmente bem publicitado e amplamente usado. Isto apoia a visão de que as pressões concorrenciais estimulam de facto os directores e professores nas escolas a melhorar uma avaliação de desempenho que tenha grande notoriedade pública. Isto serve apenas para enfatizar, antes de mais, a importância de ter os indicadores certos para a política da escolha.
>
> LEVAČIĆ (2004, p. 188)

Num aparente contraste, Stephen Gibbons, Stephen Machin e Olmo Silva da London School of Economics examinaram a ligação entre escolha, concorrência e desempenho das crianças que frequentam o ensino básico no sudeste de Inglaterra e concluíram que, embora as escolas religiosas respondessem bem à concorrência, o mesmo não acontecia com as escolas seculares (Gibbons *et al.*, 2006). Digo "aparente" porque as suas análises iniciais, utilizando medidas de escolha e concorrência, especialmente planeadas e baseadas em padrões reais de deslocamento de alunos, encontraram um efeito positivo, quer na escolha, quer na concorrência, no desempenho mesmo entre as escolas seculares. Como os próprios dizem, "estas estimativas sugerem pequenos mas significativos ganhos nos alunos das escolas que enfrentam mercados mais concorrenciais" (Gibbons *et al.*, 2006, p. 29). No entanto, embora tivessem dedicado algum tempo a construir os seus indicadores de escolha e concorrência, os investigadores defendem que tirar conclusões a partir da simples correlação entre aqueles e o desempenho dos alunos é potencialmente enganador já que os padrões de deslocamento em que são baseados podem, eles mesmos, ter sido afectados pelo desempenho escolar e não o contrário. Pelo que os substituíram por outros indicadores baseados na distância até ao limite da Autoridade Local de Educação, argumentando que o potencial para a escolha e concorrência aumenta à medida que alunos e escolas se afastam desses limites; e são estes indicadores que mostram apenas um efeito significativo nas escolas religiosas. O resultado a aceitar depende da preferência por indicadores de escolha e concorrência baseados no comportamento concreto – com o problema associado da possível causalidade inversa – ou por indicadores de "substituição" baseados na (num tipo de) distância mas que não têm em conta se essa distância afecta realmente o comportamento.

A investigação realizada por Simon Burgess e seus colegas da Universidade de Bristol demonstra que onde existe mais escolha é maior a segregação entre escolas do que entre os respectivos bairros (Burgess *et al.*, 2007). Outro estudo de Burgess mostra que quando crianças pobres e ricas vivem na mesma área e possuem o mesmo nível de capacidade, a criança pobre tem menos probabilidades de ir para uma boa escola. No entanto, isso deve-se ao facto de as crianças mais favorecidas realmente viverem mais perto das boas escolas da área e, consequentemente, estarem na zona de captação relevante. Se a escolha estivesse realmente disponível, a mesma reduziria a influência de viver perto das boas escolas e, assim, poderia abrir caminho para rectificar este desequilíbrio (Burgess e Briggs, 2006).

Em resumo, os dados indicam que, na maior parte dos casos internacionais examinados, alargar a escolha parental teve um impacto positivo nos padrões, não só nas escolas que foram escolhidas mas também nas escolas que não o foram. Tudo isto sugere que os efeitos de incentivo da concorrência e da escolha na qualidade, pelo menos quando medida pelo desempenho nos exames, funciona como o previsto. Porém, em alguns casos, surgiram realmente efeitos negativos na segregação e, deste modo, em termos de inclusão social, especialmente se as escolas estavam autorizadas a controlar as os candidatos que aceitava. Este efeito foi mais pronunciado onde existia pouca flexibilidade na oferta.

A questão seguinte seria, então, a da possibilidade de utilizar esta experiência, juntamente com perspectivas teóricas obtidas a partir do já razoavelmente substancial campo teórico da escolha e concorrência, para planear um sistema de escolha que aumente os efeitos positivos nos padrões, que melhore a eficiência e a capacidade de resposta, que contribua para uma maior equidade de resultados e reduza a segregação – pelo menos em comparação com as alternativas. Dito de outra forma, quais são as condições de que um modelo baseado na escolha e concorrência precisa de cumprir para satisfazer os objectivos da política de educação?

Existem pelo menos três condições. Estas envolvem o aumento da capacidade de os utentes fazerem escolhas; redução da capacidade de os prestadores fazerem escolhas; e expansão do número de concorrentes. Mais especificamente, a concorrência deve ser real; os utentes devem ser informados adequadamente, principalmente os mais desfavorecidos; e as oportunidades e incentivos para selecção ou *cream-skimming* devem ser eliminados[19].

Concorrência: Deve Ser Real

É, de certa forma, um truísmo que o modelo de escolha e concorrência necessite, para funcionar, que a concorrência seja genuína. Porém, para que tal condição se cumpra, outras condições devem ser satisfeitas. São elas as de que o dinheiro tem de seguir a escolha; que haja prestadores alternativos disponíveis; e que existam mecanismos apropriados para permitir a entrada de novos prestadores no mercado e a saída daqueles que fracassaram.

O Dinheiro Tem de Seguir a Escolha

A maior parte das escolas na maioria dos países tem a intenção de prestar um bom serviço e, certamente, reivindicará isso mesmo. Mas a escolha propicia um poderoso controlo da realidade sobre até que ponto estão a consegui-lo no que diz respeito aos clientes. O facto de algumas escolas serem escolhidas enquanto outras não funciona como um sinal claro de sucesso ou fracasso: sinal que não está disponível em sistemas sem escolha ou de monopólio, os quais, em consequência disso, têm muitas vezes dificuldade em distinguir de forma efectiva entre bons e maus executantes.

No entanto, a razão para introduzir a escolha e concorrência não é meramente para fornecer um sinal de sucesso ou fracasso. Todos os argumentos de incentivo a favor da escolha são contingentes no que diz respeito às consequências para as escolas de serem ou não escolhidas. Mais especificamente, tem de haver benefícios para as escolas escolhidas e custos para as escolas que o não são. Agora, uma escola ganhar ou perder alunos afecta o orgulho profissional e só isso pode ser um incentivo suficiente para o serviço gerar uma melhoria no desempenho. Contudo, é pouco provável que seja suficiente em todos ou mesmo na maioria dos casos. Uma maneira mais poderosa de assegurar que a escolha traz consequências é o financiamento seguir a escolha: que as escolas não escolhidas percam recursos e as escolhidas ganhem recursos.

Se o financiamento deve seguir a escolha, então o dinheiro deve ser suficiente para criar verdadeira concorrência. Na primeira parte da experiência de Milwaukee com os *vouchers* escolares, o *voucher* valia apenas um terço do custo médio da educação no sistema escolar do estado. O comportamento só se alterou significativamente quando o dinheiro foi aumentado.

Outra condição é a de que quem toma as decisões fundamentais tem de estar motivado para reagir na direcção desejada. Por exemplo, os professores precisam de enfrentar as consequências adversas de ensinar em escolas que não foram escolhidas de modo a propiciar incentivos para alterar o seu comportamento na sala de aula. Mais uma vez, em Milwaukee, isso não era verdade, quer para as escolas, quer para os professores. O financiamento individual das escolas não era baseado no número de alunos e, em resultado disso, havia pouca pressão sobre as escolas para melhorar. Na realidade, a versão inicial do plano de *vouchers* não impunha quaisquer custos às escolas que perdessem alunos, aliviando assim a pressão sobre estas e não o oposto.

Se o dinheiro segue a escolha, para que isso tenha um efeito real no comportamento da escola, esta necessita de independência e controlo sobre os seus orçamentos. Na Nova Zelândia, as escolas tinham um subsídio à parte para os salários dos professores e, dessa forma, estavam limitadas na sua capacidade de recorrer a diferentes tipos de professores ou de assistentes. Também tinham de pagar de acordo com as tabelas salariais do país. Em consequência disso, as escolas situadas em áreas mais favorecidas possuíam uma maior capacidade para atrair professores que as situadas em áreas mais pobres, o que, por sua vez, contribuía para a sua capacidade de fazer *cream-skimming*.

Neste caso, as actuais propostas do governo britânico para a criação de "escolas fundações" (*trust schools*), com maior liberdade em relação à escolha do pessoal e ao orçamento, são bem-vindas. Isto vem no seguimento de anteriores iniciativas semelhantes, tal como o programa das Academias, que substituiu escolas fracassadas por novas instituições – mais uma vez com liberdades substancialmente maiores.

Disponibilidade de Alternativas

Para que a escolha da escola funcione deve haver escolas que se possam escolher. Argumenta-se com frequência que esta condição raramente é cumprida, mesmo nas áreas urbanas. Porém, essas afirmações devem ser tratados com cautela. Vejam-se as escolas secundárias em Inglaterra. Dados obtidos no Departamento de Educação e Ciência mostram que 32% das escolas secundárias oficiais em Inglaterra têm duas ou mais escolas a uma milha, 70% a duas milhas e 80% a três milhas. Visto que o National Travel Survey mostra que a distância média de uma deslocação até à escola para alunos entre 11 a 16 anos, em Inglaterra, é de cinco quilómetros, isso quer dizer que quatro quintos das escolas inglesas têm pelo menos duas outras escolhas potenciais, cuja frequência implicaria pouca ou nenhuma deslocação suplementar.

Se ter uma outra escola na proximidade for visto como suficiente para ter escolha, os números são ainda mais impressionantes, com 61% das escolas secundárias a ter uma ou mais escolas no espaço de um quilómetro e meio, 82% a três quilómetros e 88% a cinco quilómetros. Em resumo, apenas uma em cada dez escolas em Inglaterra não possui uma alternativa potencial no espaço de cinco quilómetros.

Dito isto, mesmo cinco quilómetros é uma distância demasiado grande para percorrer a pé (mas não para percorrer de bicicleta) e a ajuda com o transporte e com o custo dos transportes deve estar disponível, principalmente para os mais desfavorecidos. A Sutton Trust e outros publicaram propostas para uma rede nacional de autocarros escolares, semelhante à que existe em muitas partes da América do Norte (Sutton Trust, 2005). E o actual governo britânico está a alargar o direito ao transporte escolar gratuito às crianças de famílias mais pobres para as três escolas secundárias mais próximas num raio de nove quilómetros. Tudo isto são passos na direcção certa.

Entrada

Uma conclusão importante retirada da análise feita por Burgess e colegas aos dados internacionais é a de que a escolha, aliada àquilo que designam por flexibilidade da oferta (isto é, a capacidade de abrir novas escolas e fechar antigas) reduzia a segregação, enquanto que a rigidez da oferta aumentava (Burgess *et al.*, 2005, p. 19). A flexibilidade na oferta inclui a possibilidade de as escolas populares se expandirem se assim o quiserem e de novas escolas se estabelecerem com relativa facilidade. Porém, em muitos casos, nada disto é fácil. Em Inglaterra, as comissões representantes das escolas públicas existentes (*School Organizing Committees*) gerem, em conjunto com a autoridade local de educação, o número de escolas numa área. Podem usar, e costumam usar, este poder para restringir a expansão das escolas e para prevenir que novas escolas entrem no mercado. Estas organizações são exemplos clássicos de prestadores que se associam para proteger os seus interesses; não têm lugar num sistema educativo onde funcione adequadamente o modelo de escolha. Felizmente, estão para ser abolidas, de acordo com as actuais propostas do governo.

Uma segunda questão envolve o financiamento de capital. Se o dinheiro que acompanha a criança só é suficiente para cobrir os custos de funcionamento (como na maior parte dos sistemas de escolha), então como é que os novos concorrentes podem encontrar os recursos financeiros para começar?

Na Suécia e na Holanda, nenhum financiamento de capital vem do Estado; e isso pode causar problemas. Na Suécia, por exemplo, 40 por cento das candidaturas para abrir novas escolas independentes que foram aprovadas pela Agência Nacional de Educação em 2001 não resultaram na abertura da escola devido a problemas na obtenção de instalações e a cobrir os custos do início de actividade (Raham, 2002).

No entanto, no caso sueco há pelo menos fontes alternativas de financiamento. Muitas das novas escolas independentes são financiadas por empresas com fins lucrativos e acesso a mercados de capital privados. Em consequência disso, apesar da falta de financiamento estatal, o número de escolas independentes na Suécia cresceu exponencialmente desde as reformas de 1992. Possuir essas fontes alternativas de financiamento parece ser uma condição essencial para haver novos concorrentes.

Em relação a isto, as actuais propostas do governo britânico para encorajar a entrada de novos concorrentes não parecem suficientemente ambiciosas. Encorajam o patrocínio privado de novas escolas mas ainda não autorizam a entrada de empresas com fins lucrativos. Parece uma restrição desnecessária (não foi aplicada, por exemplo, na social-democrata Suécia) e que pode limitar alguns dos ganhos provenientes do aumento da concorrência.

No entanto, a liberdade de entrar não pode ser total. É necessário impor condições aos novos participantes de modo a assegurar que estes propiciam uma educação em linha com a política do governo, não só no que diz respeito aos padrões de qualidade mas também à inclusão.

Mais uma vez, a Suécia oferece um exemplo do tipo de condições que podem ser utilizadas. A Agência Nacional de Educação decide a aprovação ou não de uma nova escola com base nos seguintes critérios (PMSU, 2006a, p. 10).

1) Os candidatos devem demonstrar que possuem a capacidade de dirigir uma escola que proporcione uma educação igual à educação que as crianças receberiam numa escola pública. Devem ainda demonstrar que existe a possibilidade de encontrar um local adequado para a escola e que têm fundos suficientes para arrancar com a actividade da escola.
2) Os conteúdos principais do programa curricular devem ser os mesmos que o programa curricular e o plano de estudo nacionais. A escola terá de proporcionar uma educação que enfatize os "objectivos comuns e os valores fundamentais" do plano curricular nacional. Se a escola independente for de carácter religioso, o conteúdo do seu ensino não deve ser em nenhum aspecto preconceituoso ou doutrinário.
3) Os candidatos devem demonstrar ter suficientes alunos interessados na escola que desejam pôr em funcionamento (um mínimo de 20 alunos para uma escola de ensino obrigatório).
4) A escola deve ter um corpo docente com as mesmas qualificações que as suas congéneres do Estado.

Saída

Tal como devem existir disposições para a abertura de novas escolas, é importante ter alguns meios de lidar com as escolas que fracassam: remodelando-as ou permitindo que encerrem. Uma questão importante em relação ao encerramento é a de que, se o dinheiro segue a escolha, o mesmo pode colocar em perigo a viabilidade de uma escola sem proporcionar uma alternativa aos utentes que restam. Contudo, a escolha pode proporcionar uma pressão efectiva de baixo para cima para revelar a falta de qualidade e o mau desempenho. O seu impacto ao longo do tempo numa escola pode desencadear uma intervenção para remodelar o serviço, ou para gerir o seu encerramento, antes de atingir o ponto em que os utentes possam ser colocados em risco.

Como em todas as áreas da economia, há o perigo de uma intervenção política destrutiva: resgatando escolas fracassadas e enfraquecendo os incentivos dentro do sistema. Assim, qualquer intervenção deve ser guiada por regras e levada a cabo por uma agência independente. Pode ser uma organização eleita localmente como a Pupil Advocate, como foi sugerido pelo *think tank* Policy Exchange (O'Shaughnessy e Leslie, 2005), ou pode ser uma organização nacional semelhante à agência de inspecção educativa de Inglaterra, a Ofsted, ou a Audit Comission. O que é essencial é que, qualquer que seja a agência escolhida, esta seja independente, quer do poder central, quer do poder local.

Escolha: Deve Ser Informada

Para os pais poderem escolher bem a escola para os seus filhos, devem ser adequadamente informados sobre a qualidade das alternativas. Existem várias formas de lhe dar a capacidade para isso.

Os exemplos suecos são, mais uma vez, úteis. A autarquia publica um prospecto anual com todas as escolas da cidade de Estocolmo, oferecendo um perfil completo de todas as escolas da área, incluindo alguns indicadores de desempenho, como os resultados dos exames do nono ano e os resultados dos exames locais de anos inferiores. O prospecto inclui ainda os resultados de um inquérito sobre o nível de satisfação dos pais levado a cabo em todas as escolas de Estocolmo. O município de Naska, na Suécia, publica um catálogo que é distribuído anualmente aos pais juntamente com o seu *voucher* escolar. O catálogo apresenta um perfil de cada escola, dados de desempenho (absolutos) e os resultados de inquéritos sobre o nível de satisfação dos pais com filhos em cada escola.

No entanto, a Suécia fornece também um exemplo de um possível problema relacionado com a condição informativa: o da potencial injustiça. Um relatório sueco revelou que a propensão para fazer uma escolha activa da escola era maior entre os pais com maior nível de educação. Cerca de 50 por cento dos pais declarou não acreditar ter informação suficiente para fazer uma escolha consciente da escola, sendo mais provável que aqueles com maior nível de educação declarem estar bem informados (PMSU, 2006a).

Isto aponta para que um sistema de escolha parental preocupado com a equidade deve ter alguns meios para prestar um apoio suplementar de informação e outras formas de ajuda aos mais desfavorecidos. Em relação a isto, é particularmente interessante a actual proposta do governo britânico para criar conselheiros especiais para ajudar os pais mais desfavorecidos (Department of Education and Skills, 2005). Estes conselheiros poderiam ser uma ferramenta importante na promoção da equidade e, através do aumento da abrangência da escolha informada, de acentuação dos efeitos da escolha e concorrência na qualidade e na eficiência.

Mas há outro problema no que respeita à escolha informada. E se os pais usarem critérios diferentes para escolher as escolas? Suponha que, em vez de se preocuparem com os padrões educativos da escola, alguns pais estão mais interessados no facto de o filho ser ou não feliz ou no estatuto social dos seus colegas e escolhem de acordo com esses factores. Suponha ainda, como diz uma crença popular, que os pais de classe média estão preocupados com os padrões e com o estatuto social, enquanto que os pais da classe operária estão apenas preocupados com a felicidade dos seus filhos. Não criaria isto problemas significativos para o modelo da escolha na educação, quer em termos da sua capacidade para promover a equidade, quer em termos dos incentivos que proporciona às escolas?

Num certo sentido, especialmente se o objectivo das políticas de educação for o de reforçar o poder dos pais, não existem critérios errados. O que preocupa os pais é aquilo que interessa; se estão apenas preocupados com a felicidade do filho na escola e escolhem de acordo com isso, então as escolas concorrerão entre si para fazer os seus alunos felizes e toda a gente ficará contente.

No entanto, isto ignora uma série de factores. Primeiro, como salientámos antes, existem outros objectivos nas políticas educativas, e algumas das coisas que os pais querem podem ser incompatíveis com esses objectivos. Os pais que procuram escolas com maior estatuto social estão, quase que por definição, a agir contra a equidade e a inclusão social. O estatuto social é um bem posicional e não pode ser distribuído de forma equitativa.

Mais uma vez temos de confrontar a política de escolha com outros modelos. Num mundo onde as crianças são colocadas em escolas públicas por áreas de captação e onde existe um sistema paralelo de escolas privadas, os pais que procuram estatuto social continuarão a fazê-lo, mudando de casa ou enviando os seus filhos para uma escola privada. Trata-se de um problema para as políticas educativas em geral (e, na realidade, para toda a sociedade) e pode afectar todos os modelos, não apenas o da escolha e concorrência.

Que critérios utilizam realmente os pais para fazer as suas escolhas? Parece haver muito poucos dados sobre isto. Os que existem, no entanto, sugerem que, apesar da crença popular em contrário, as famílias das classes trabalhadoras parecem ter, para os seus filhos, aspirações educativas semelhantes às da classe média. Um estudo de Anne West e de colegas da London School of Economics concluiu que, independentemente da classe social, quase todos os pais querem que os seus filhos se mantenham na escola até depois dos 16 anos; e que embora 87 por cento das famílias de classe média queiram ver os seus filhos a frequentar o ensino superior, o mesmo acontece com 83 por cento das famílias da classe operária; e que todos os pais têm aspirações universais a uma carreira profissional de sucesso para os seus filhos – mais uma vez independentemente da classe social (Nodem *et al.*, 1998).

No entanto, o mesmo estudo concluiu também que, apesar das aspirações semelhantes, as crianças de classe média tinham tendência para frequentar escolas com melhor desempenho do que as crianças da classe operária. Os investigadores atribuíram isso, em parte, ao facto de os pais de classe média utilizarem estratégias tacticamente mais eficazes ao fazerem as suas escolhas, por exemplo, escolhendo com mais frequência escolas selectivas ou arriscando na ordenação das suas escolhas. Porém, os investigadores concluíram que havia outros factores mais triviais a afectar os resultados: os custos do transporte e o *cream-skimming*. As crianças de classe média possuíam recursos para se deslocarem para mais longe, caso fosse necessário ir para uma escola com melhor desempenho; e tinham mais hipóteses de serem admitidas à chegada. O que resulta disto em termos de política? Mais uma vez, sugere que deveria existir uma ajuda substancial com os custos de transporte, especialmente para os mais desfavorecidos; e que deveria haver restrições à capacidade de as escolas fazerem *cream-skimming*. É para este assunto que agora nos voltamos.

Cream-skimming: Deve Ser Evitado

Onde as escolas têm excesso de inscrições e, consequentemente, podem seleccionar os seus alunos, as escolas, e não os pais, terão oportunidade de escolha. A escolha parental passará a ser escolha da escola. A consequência poderá ser a segregação ou polarização por capacidade ou grupo social, com as escolas populares a escolherem as crianças mais capazes ou as de famílias mais abastadas. Quer a inclusão social, quer a equidade ficariam comprometidas.

Não se sabe ao certo o nível deste tipo de *cream-skimming* no Reino Unido. O certo é que as escolas que controlam as suas próprias admissões têm mais probabilidades de fazer a selecção com base no critério do *cream-skimming* do que as outras. Outro estudo de Anne West e colegas da London School of Economics concluiu que nove por cento das escolas autónomas (isto é, as escolas que controlam as suas admissões) seleccionam de acordo com as capacidades dos alunos, em comparação com apenas 0,3% das não autónomas. Além disso, apenas 15 por cento das escolas autónomas incluem a presença de crianças com necessidades educativas especiais como critério para a admissão, contra 48% das escolas não autónomas. Encontraram também uma série de critérios e práticas a que chamaram "idiossincráticos" e que são potencialmente injustos, incluindo a recusa em admitir alunos com base na má prestação durante a entrevista, o mau comportamento de irmãos que já frequentam a escola e, no caso de uma escola católica, o facto de os pais terem também candidatado a criança a escolas não católicas (West *et al.*, 2004).

Terão estes processos de selecção conduzido a um verdadeiro *cream-skimming*, com consequências indirectas no desempenho educativo e na segregação? Um estudo posterior levado a cabo por West e colegas concluiu que as escolas secundárias de Londres que controlam as suas admissões aceitam crianças com melhor desempenho, tendo em conta o resultado destas nos exames nacionais efectuados aos 11 anos, antes da admissão na escola secundária, do que as escolas cuja admissão é controlada pelas autarquias. Além disso, as escolas com critérios selectivos/potencialmente selectivos admitiam alunos com desempenho ainda melhor. A percentagem de alunos com direito a refeições escolares grátis era mais baixa nas escolas que controlavam as suas admissões, assim como a percentagem de estudantes com necessidades educativas especiais (West e Hind, a publicar).

Em relação às escolas auxiliadas por voluntários, outros investigadores concluíram que a proporção de alunos com direito a refeições escolares gratuitas era mais baixa, tanto nas escolas básicas como nas secundárias, em comparação com a proporção nas comunidades locais (Chamberlain *et al.*, 2006). Como West e os colegas destacam, está comprovado que, geralmente, este tipo de escolas obtém melhores resultados nos exames. No entanto, não podemos aqui assumir uma relação directa de causa e efeito, pois outros factores, como a qualidade do ensino (que provavelmente é mais alta nestas escolas) também afecta, obviamente, o resultado dos exames. A imagem fica mais nítida quando se trata de segregação: Stephen Gorard descobriu que a capacidade das escolas para controlar as suas admissões era o factor-chave para o aumento da segregação na sua área (Gorard *et al.*, 2003).

As escolas religiosas são, com frequência, distinguidas pelos seus altos padrões de educação e pela obtenção, em consequência disso, de bons resultados nos exames. Mas, mais uma vez, o factor-chave parece ser a selecção. Os investigadores Gibbons e Silva (2006), da London School of Economics, concluíram que as escolas básicas religiosas tinham pouco impacto na progressão dos alunos:

> Existe uma clara selecção positiva nas escolas religiosas (e nas escolas com autonomia de admissões e de gestão) com base nas características observáveis que favorecem a educação – mesmo quando comparamos alunos oriundos do mesmo complexo habitacional.

Os mesmos sugerem que "qualquer impacto das escolas religiosas no desempenho em Inglaterra parece estar ligado à autonomia de gestão e de admissões e não à filiação religiosa" (Gibbons e Silva, 2006, pp. 28, 29).

O problema também pode ser encontrado na Nova Zelândia, onde a polarização ou segregação surgiu, aparentemente, como problema logo a seguir à introdução da escolha de escolas. As escolas com excesso de inscrições puderam introduzir "critérios de matrícula", cujo conteúdo foi ligeiramente regulamentado, com as escolas tendo como requisito legal apenas o da obediência à Human Rights Act e Race Relations Act (havendo poucos controlos para fiscalizar o funcionamento velado fora destas leis). Portanto, na eventualidade de ter mais candidaturas do que vagas, a escola podia escolher as crianças a admitir. As escolas populares podiam expandir-se. No entanto, o financiamento para tal era limitado e, de qualquer maneira, muitas escolas tinham relutância em expandir-se porque desejavam manter a exclusividade e a capacidade de escolher os seus alunos.

Outro incentivo ao *cream-skimming* surge quando os pais também ajudam no financiamento, formal ou informalmente. Mais uma vez, o exemplo da Nova Zelândia é instrutivo. A maior parte das escolas espera que os pais paguem "propinas voluntárias" para contribuir para o gasto de gerir uma escola. As receitas geradas localmente são uma significativa fonte de receita ao nível secundário (no caso das escolas urbanas). Obviamente, os pais com menores rendimentos não podem pagar estas "contribuições voluntárias", pelo que as escolas com influxo de crianças oriundas predominantemente de famílias pobres recebem bastante menos financiamento desta fonte do que aquelas com crianças de famílias mais abastadas. Embora seja ilegal discriminar as crianças cujos pais não querem/não podem pagar esta contribuição voluntária, quando as escolas podem escolher os seus alunos é provável que um director tenha isto em consideração ao tomar a decisão de admitir ou não um aluno pobre.

Em comparação, na Suécia, cada escola independente deve acordar o número máximo de alunos a admitir com a Agência Nacional de Educação. Se num ano qualquer as candidaturas à escola excederem esse número, devem ser estabelecidos critérios de admissão com listas de espera (o primeiro a chegar tem prioridade) ou sorteios aleatórios. A maior parte das escolas independentes utiliza critérios de admissão baseados em listas de espera. Embora seja melhor que a maior parte dos métodos de selecção, não deixa de ser tendencioso: é provável que favoreça os grupos da sociedade com mais habilitações (por ser provável que estejam mais bem informados). Além disso, para as escolas mais desejadas da Suécia, tal acabou por resultar em alunos nascidos na primeira metade do ano (pois as crianças são colocadas em listas de espera assim que nascem).

Há ainda outro exemplo na Suécia relacionado com os perigos da selecção. A cidade de Estocolmo introduziu em 2000 a selecção por capacidades nos últimos anos do secundário. Isto resultou (sem surpresa) num aumento da segregação pelas capacidades, mas também por etnia e estatuto social (Söderström e Uusitalo, 2005).

Outro factor que pode encorajar as escolas a discriminar (onde possível) os grupos socioeconómicos mais baixos no critério de admissão são os benefícios por género através de trabalho não remunerado, admitindo crianças cujos pais são profissionais especializados (*versus*, por exemplo, as crianças cujos pais são profissionais não qualificados). A descentralização das funções administrativas ao nível local que acompanha inevitavelmente o modelo de escolha e concorrência conduz, provavelmente, a que estas regalias se tornem mais importantes para as escolas, e a falta de pais voluntários qualificados pode levar a que as escolas mais desfavorecidas gastem mais para obter esses serviços especializados do que as escolas mais favorecidas.

O exemplo sueco sugere que é possível planear sistemas de escolha que não encorajem o *cream-skimming*. Na verdade, há pelo menos três formas básicas pelas quais tal pode ser feito no contexto educativo.

Uma delas é restringir, ou mesmo remover por completo, a capacidade da escola de tomar decisões sobre admissões. As escolas podem ser obrigadas a receber alunos de um leque variado de procedências através de um sistema de agrupamento ou de quotas. Em alternativa, as escolas populares podem ser obrigadas a ter uma lista de espera a partir da qual se escolhem os potenciais alunos por sorteio (como se está agora a tentar junto de várias autoridades locais em Inglaterra).

Remover ou restringir o poder das escolas sobre as admissões e obrigá-las a receber determinados tipos de alunos é, essencialmente, uma política de comando e controlo e possui as vantagens de todas essas políticas: é clara, relativamente simples e fácil de implementar. Por outro lado, também tem as desvantagens desse modelo. Nada oferece em termos de motivação positiva para a escola receber alunos mais difíceis; efectivamente, é mais provável que alimente ressentimentos entre o corpo docente, até contra as próprias crianças. Um problema ainda maior é que não oferece qualquer incentivo para manter as crianças na escola ou para fazer algo de positivo com elas assim que são admitidas – a não ser que seja acompanhada por outras medidas de comando e controlo, tais como restrições ao poder de exclusão das escolas.

Uma segunda possibilidade é a entrada completamente livre, não dando autorização à escola para recusar alunos.[20] Nesse caso, se uma escola tem boa reputação e todos os pais querem enviar para lá os seus filhos, a escola ficará sobrelotada. Na verdade, pode ficar completamente sobrelotada a curto prazo. Seja. Os recursos suplementares podem servir para contratar mais professores de forma a manter o rácio professor/aluno baixo mas as salas de aula ficarão sobrelotadas, talvez se ensine nos corredores, e a qualidade do corpo docente pode decair já que os professores têm de ser contratados em cima da hora, quando se percebe a quantidade de crianças que escolheram a escola nesse ano. A escola pobre terá agora menos alunos e, pelo menos a curto prazo, um rácio professor/aluno mais baixo e muito espaço livre, podendo tornar-se atractiva para os pais. Pode atingir-se um equilíbrio que satisfaça os requisitos de escolha e equidade. A escola para onde irão as crianças será totalmente guiada pela escolha. E a equidade será satisfeita por causa da escolha – com alguns pais a preferirem a qualidade do corpo docente da boa escola e outros a preferirem a ausência de enchentes na escola pobre.

No entanto, muitos acharão esta abordagem totalmente *laissez--faire* pouco atractiva, pelo menos por causa dos efeitos a curto prazo na boa escola e nos seus alunos. Em vez de depender disso, ou da opção de comando e controlo de restringir os poderes de admissão das escolas, uma terceira opção seria utilizar o poder dos incentivos positivos para encorajar as escolas a admitir crianças de famílias pobres. Crianças essas que poderiam atrair um "bónus de desvantagem": uma quantia suplementar por criança proveniente de um lar desfavorecido. Isto exige maior pormenor do que aquele que é aqui possível, pelo que será discutido em detalhe no capítulo 5.

Conclusão

Os sistemas de escolha e concorrência podem atingir os fins da política educativa. Porém, devem ser planeados adequadamente para satisfazer as condições de eficácia. Devem existir mecanismos para assegurar a entrada fácil de novos prestadores, a possibilidade de saída e que as decisões relevantes são imunes à interferência política; que os pais recebem a informação relevante e ajuda para escolher, principalmente os pais mais desfavorecidos; que haverá ajuda com o custo dos transportes, mais uma vez, preferencialmente, direccionada para os mais desfavorecidos. E devem ser eliminados as oportunidades e incentivos para o *cream-skimming*.

CAPÍTULO 4

Cuidados de saúde

TANTO O GOVERNO BRITÂNICO COMO O PRINCIPAL PARTIDO da oposição estão empenhados em aumentar a escolha dos pacientes na provisão de cuidados de saúde financiados com dinheiro público. Outros países também estão a ir nessa direcção, incluindo a Noruega, Suécia, Dinamarca e Países Baixos. Muitos países europeus, especialmente aqueles cujos sistemas de saúde são tradicionalmente financiados através da segurança social, como a Alemanha e a França, há muito que oferecem aos pacientes escolhas de vários tipos, incluindo a escolha dos prestadores do serviço. E nos Estados Unidos os pacientes têm, historicamente, uma considerável liberdade para escolher a sua clínica ou hospital, mesmo dentro dos sistemas financiados da Medicare (para os idosos) e Medicaid (para os pobres).

No entanto, a política é controversa. Na Alemanha e em França, algumas das desvantagens observadas levaram a movimentações para restringir a escolha do prestador por parte do paciente. Nos Estados Unidos tem havido um aumento das denominadas organizações de "prestador preferencial", com as seguradoras a tentar direccionar as escolhas dos pacientes para determinados prestadores (com os quais negociaram descontos). No Reino Unido, onde a ideia de outorgar qualquer tipo de poder aos pacientes é uma inovação relativamente recente, a escolha do paciente mantém-se como um território altamente contestado.

O debate tem muitas dimensões. Os defensores da prática afirmam que alargar a escolha do paciente, conjuntamente com a concorrência, melhorará a qualidade dos cuidados de saúde e a eficiência e capacidade de resposta com que estes são prestados. E tornará o sistema mais equitativo, ao providenciar aos mais desfavorecidos um contraponto ao poder da "voz" da classe média. Os seus críticos argumentam que os pacientes estão muito mal informados ou simplesmente demasiado doentes para fazerem escolhas sensatas, que abrir o sistema à concorrência limitar-se-á a criar oportunidades para prestadores sem escrúpulos explorarem a vulnerabilidade das pessoas através do excesso de tratamento e que todo o processo envolverá um nível inaceitável de custos administrativos.

Nos capítulos anteriores argumentou-se que, em geral, o modelo de escolha e concorrência para prestação de serviços públicos é realmente um instrumento eficaz para melhorar a qualidade, a eficiência, a capacidade de resposta e a equidade desses serviços – especialmente quando comparados com as alternativas. No entanto, os críticos do modelo têm razão, porque o modelo só atingirá estes fins desejáveis sob condições adequadas. Tal como acontece com argumentos semelhantes no contexto da educação, é crucial que o planeamento dos instrumentos políticos relevantes seja feito de modo a preencher estas condições[21].

Este capítulo aborda alguns assuntos específicos respeitantes ao planeamento da política adequada que procede da aplicação do modelo da escolha e concorrência no contexto dos cuidados de saúde. Começa com uma breve análise dos argumentos gerais dos capítulos anteriores relativos aos fins e meios dos serviços públicos e aplica-os aos cuidados de saúde. A seguir analisa os dados empíricos respeitantes ao impacto da escolha e concorrência em vários países que implementaram o modelo na prestação de cuidados de saúde. Por fim, aproveita esses indícios e outros trabalhos para especificar algumas das condições para a implementação com êxito desse modelo. Em cada um dos casos tenta especificar como é que a política pode ser planeada para que, tanto quanto possível, sejam cumpridas essas condições. Por fim faz-se uma breve conclusão.

Fins e Meios

Os fins gerais dos serviços públicos foram discutidos nos capítulos 1 e 2. Incluem a qualidade, eficiência, capacidade de resposta e equidade. O capítulo anterior exemplificava como podiam ser aplicados na educação; muitos desses argumentos aplicam-se também nos cuidados de saúde. Os principais problemas de interpretação surgem no caso da qualidade e da equidade. A qualidade pode referir-se à qualidade dos inputs, processos, outputs e resultados. Os inputs, neste caso, têm a ver com a qualidade dos profissionais e das instalações médicas, os processos com os tempos de espera e a cortesia e consideração com que são tratados os pacientes, os outputs com os próprios tratamentos e os resultados com a melhoria na saúde resultante do tratamento. Ao contrário da educação, onde a maior parte do debate diz respeito aos outputs e aos resultados (normalmente medidos pelo desempenho nos exames nacionais), o debate na saúde centra-se frequentemente nas questões do procedimento, como os tempos de espera – especialmente em países como o Reino Unido onde este aspecto da qualidade tem sido historicamente um grande problema.

A equidade no contexto dos cuidados de saúde pode ser definida de variadas formas, incluindo a igualdade de acesso, tratamento igual para necessidade igual e igualdade nos resultados. Na prática, o grau de injustiça é habitualmente medido pelas diferenças entre grupos sociais na utilização dos serviços de saúde em relação à sua necessidade – isto é, até que ponto se pode garantir o tratamento igual para necessidades iguais – e esta é a interpretação que seguimos aqui.

Então e os meios? Os capítulos anteriores apresentaram com algum detalhe as razões gerais porque a utilização do modelo da escolha e concorrência para prestar serviços públicos para alcançar estes fins tem mais probabilidades de ser mais eficaz do que os modelos sem escolha envolvendo confiança, comando e controlo e voz. Aplicados à prestação de cuidados de saúde, funcionam da seguinte maneira.

Num mundo de cuidados de saúde públicos sem escolha, os pacientes insatisfeitos, com a qualidade do tratamento que recebem ou com o atendimento dos profissionais médicos ou dos administrativos com que lidam, possuem um número limitado de opções à sua disposição. Se existe um sector de cuidados de saúde privado a funcionar paralelamente ao público, podem usá-lo – ou, pelo menos, os mais ricos podem fazê-lo. Aqueles que não se podem permitir a essa opção só podem reclamar, seja directamente ao profissional ou administrativo em causa, seja aos seus superiores. Em cada um dos casos, para obter uma resposta o indivíduo depende da boa vontade ou do carácter cavalheiresco da pessoa a quem reclama. Além de ser um mecanimo exigente, é também um mecanismo frágil de melhoria da qualidade. Oferece poucos ou nenhuns incentivos directos de melhoria para o profissional ou administrativo canalha ou egoísta; e mesmo os mais cavalheirescos e altruístas nem sempre respondem bem à contestação por parte de pacientes impositivos.

Além disso, quando as reclamações funcionam, favorecem as classes médias autoconfiantes e eloquentes, deste modo orientando os serviços na sua direcção à custa dos mais desfavorecidos. As classes médias possuem, desta maneira, uma vantagem dupla sobre os mais desfavorecidos. Estão mais bem colocadas para persuadir o serviço público a satisfazer as suas necessidades; e, se os seus poderes de persuasão forem desadequados para conseguirem o serviço que pretendem, podem voltar-se para o sector privado.

Em contrapartida, num mundo onde a escolha e a concorrência são a norma, os pacientes insatisfeitos com a qualidade de serviço de um prestador de serviços médicos – um hospital ou um consultório – têm a oportunidade de ir para outro que lhes preste um melhor serviço. Se o dinheiro seguir a escolha, o hospital ou o consultório que presta o melhor serviço ganhará recursos; os que prestam o pior serviço perderão. Quer o prestador de serviço seja um cavaleiro ou um canalha, continuará a querer manter-se a funcionar; o canalha porque é do seu interesse, o cavaleiro porque pretende continuar a prestar um bom serviço aos pacientes mais necessitados. Mas, para continuarem a funcionar, terão de melhorar a qualidade e a capacidade de resposta do serviço que oferecem, assim como a eficiência com que o prestam. Além disso, a equidade é promovida pelo facto de os mais desfavorecidos poderem agora sair em caso de necessidade e já não estarem dependentes da sua capacidade de persuadir os profissionais a darem-lhes o serviço que querem.

Logicamente, existem limitações à aplicabilidade deste género de argumentos a todo o tipo de cuidados de saúde. É improvável que os pacientes que sofreram um acidente ou estão muito doentes possam fazer qualquer tipo de escolha de prestador e poderão ter de confiar em outros (médicos de serviço, equipas de ambulância) para fazer as escolhas por eles. Algumas formas de tratamento médico são únicas (o seu apêndice só pode ser removido uma vez); nesses casos, a informação recolhida sobre a qualidade do tratamento pode servir de pouco para optar por outras formas de tratamento. Algumas pessoas – talvez uma pessoa idosa ou que sofra de doença prolongada debilitante – podem preferir não ter de tomar as decisões necessárias: "Decida o doutor".

No entanto, a quantidade de problemas em que a escolha é impossível ou indesejável não deve ser exagerada. O número de atendimentos de emergência nos serviços de urgência e traumatologia onde os pacientes estão realmente inconscientes ou gravemente doentes é relativamente baixo[22]. A experiência de um tipo de tratamento num hospital pode dar-nos a percepção sobre a qualidade dos cuidados em relação a outros tratamentos nas mesmas instalações. E, como vimos no capítulo 2, o recente *British Social Attitudes Survey* mostra que a maior parte das pessoas querem escolher o estabelecimento médico – e o interessante é que com maior preponderância de favoráveis entre os mais desfavorecidos do que na classe média.

Esta é a teoria. Mas será que as coisas funcionam assim na prática? Poderá o modelo realmente ser aplicado da forma como é descrita? Ou será que na verdade é abalado por demasiadas dificuldades práticas para funcionar eficazmente no mundo real? Qual tem sido a experiência dos vários países que têm vindo a experimentar com o modelo da escolha e concorrência?

O Impacto da Escolha e Concorrência

Tal como abordámos antes, existem formas de escolha do paciente e de concorrência hospitalar em inúmeros países do mundo, incluindo a Noruega, Suécia, Dinamarca, Holanda, França, Alemanha e Estados Unidos. No entanto, para a maioria destes países tem havido relativamente poucos estudos sobre o seu impacto. A principal excepção são os Estados Unidos – talvez não seja surpreendente uma vez que o mercado americano dos cuidados de saúde, pelo menos formalmente, é provavelmente o mercado de cuidados de saúde mais concorrencial do mundo.

No entanto, temos de ser cuidadosos para não fazermos uma comparação demasiado simplista entre o sistema de saúde dos EUA e o de outros países, uma vez que este possui várias características que não se encontram noutros lados. Incluindo, notoriamente, a falta de cobertura universal, um fenómeno que em grande medida deriva das suas outras invulgares características, como a forte dependência dos empregadores e dos seguros privados para o financiamento. Adicionalmente, a utilidade dos dados americanos complica-se pelo facto de a estrutura do mercado dos EUA se ter alterado ao longo dos tempos. Nos anos 80, os utentes estavam cobertos por seguros generosos e os hospitais eram totalmente reembolsados pelos seus custos. Isto levou ao que muitos autores apelidaram de corrida à mão-de-obra médica, onde os hospitais concorriam entre si pelos inputs: a qualidade e a quantidade de médicos e de instalações médicas. Nos anos 90, o sistema Medicare introduziu os "pagamentos prospectivos" fixos – ou seja, um preço fixo para cada tratamento – e a revisão de procedimentos, onde os médicos tinham de justificar aos pagadores a adequação do tratamento prestado; e as seguradoras privadas fizeram o mesmo. Isto foi acompanhado pelo aumento dos planos de saúde, a que aderem os potenciais pacientes, pagando um prémio anual fixo e recebendo todo o tratamento de que precisam sem pagar mais por isso.

Apesar de tudo isto, é possível fazer algumas generalizações a partir da experiência americana. Carol Propper e os seus colegas do Center for Marketing and Public Organization da Universidade de Bristol realizaram recentemente uma análise abrangente dos dados americanos e outros dados internacionais referentes aos efeitos da concorrência entre prestadores de serviços, especialmente hospitais[23].

Encontraram indícios de que a concorrência de preços fixos nos Estados Unidos reduziu custos e aumentou a qualidade (normalmente definida em termos de outputs de saúde, como o número de mortes nos casos de ataque cardíaco admitidos nas urgências), especialmente em mercados com uma elevada penetração dos planos de saúde. Havia ainda outras constatações mais específicas, incluindo que o efeito da concorrência era o de dar um tratamento mais adequado, sendo que os pacientes em mercados menos concorrenciais recebiam um tratamento menos intensivo, com piores resultados para a saúde, do que em mercados mais concorrenciais.

Constata-se também a partir dos dados dos Estados Unidos que os resultados para a sua saúde são melhores quando os pacientes escolhem deliberadamente não ir tratar-se aos seus centros de saúde locais e preferem procurar mais longe. Por exemplo, Lamont *et al.* (2003, p. 1375) concluíram a partir de um estudo com pacientes cancerígenos em Chicago que:

> os pacientes que foram capazes e tiveram vontade de (1) pesquisar resultados terapêuticos e (2) descobrir e expandir os recursos necessários para receberem essas terapias parecem recuperar melhor do que os pacientes que vão ao sítio mais próximo para serem tratados, mesmo quando as doenças e tratamentos são aparentemente iguais. Além disso, a diferença era bastante substancial, com uma distância de 15 quilómetros a ser equivalente em diminuição de risco ao aumento do risco causado por um maço de cigarros adicional fumados [mais um maço suplementar de 20 cigarros por dia durante um ano].

Uma interpretação possível é que o exercício da escolha é bom para a nossa saúde: a sensação de controlo dada pela escolha tem um potente efeito na capacidade do indivíduo em responder ao tratamento e na rapidez da sua recuperação.

Mas os Estados Unidos também fornecem exemplos úteis sobre onde podem surgir os problemas[24]. A informação estatística sobre qualidade disponibilizada aos pacientes era muitas vezes demasiado complexa para ser usada eficazmente pelo próprios ou até por compradores institucionais de cuidados de saúde. Na verdade, era usada de uma forma mais generalizada pelos próprios prestadores dos cuidados, por vezes de formas que podiam prejudicar os pacientes. Numa repetição da nossa discussão sobre objectivos no capítulo 1, os prestadores concentram-se em melhorar aquilo que é avaliado, o que não é necessariamente aquilo que contribui para a saúde. O sistema de preço fixo poderá ter induzido o *cream-skimming*, pelo qual os hospitais tentavam atrair os pacientes cujos custos de tratamento esperavam que fossem inferiores ao preço fixo oferecido e "desfaziam-se" dos pacientes cujos custos previam que fossem acima desse preço. Em áreas onde os preços não eram fixados, aparentemente os hospitais cortavam nos preços e na qualidade, baseando-se no facto de que os utentes e os compradores de cuidados de saúde têm dificuldade em avaliar adequadamente a qualidade e, por conseguinte, de notar a redução da qualidade (Gaynor, 2006).

Também há lições úteis a retirar da experiência britânica com o "mercado interno" do SNS introduzido pelo governo conservador em 1991 e que perdurou até à derrota dos conservadores na eleição de 1997. A principal característica deste mercado (que se mantém no actual sistema, pelo menos em Inglaterra) era a de separar a velha burocracia monolítica estatal em "compradores" e "prestadores". Os prestadores, maioritariamente hospitais, transformaram-se em "consórcios" semi-independentes, com liberdade para estabelecer o preço pelos seus serviços e para concorrer pelos compradores. Os compradores eram de dois tipos. Tínhamos os clínicos gerais "detentores de fundos" (*fund-holders*): médicos de família que não só prestavam cuidados de saúde primários aos pacientes registados no seu consultório como também tinham um orçamento para adquirir algumas formas de cuidados secundários (essencialmente cirurgias electivas) para esses mesmos pacientes. E tínhamos as autoridades da saúde: organizações definidas geograficamente que adquiriam serviços de cuidados secundários para as pessoas da sua área, excepto em relação aos comprados pelos detentores de fundos.

Sob os auspícios do Kings Fund, Nicholas Mays, Jo Mulligan e eu levámos a cabo uma análise abrangente dos dados referentes à eficácia do mercado interno no que diz respeito à qualidade, eficiência, capacidade de resposta, responsabilização e equidade. (Le Grand *et al.*, 1998). A combinação dos seus efeitos com os resultados de algum trabalho posterior produziu as seguintes conclusões.

Durante o período que vai de 1991 a 1997, a actividade do SNS cresceu mais rapidamente do que os seus recursos (e cresceu a uma taxa relativamente mais rápida do que antes das reformas). Isto sugere que, globalmente, apesar de algum aumento muito publicitado nos custos de transacção, houve uma melhoria na eficiência do SNS atribuída a essas reformas. Além do mais, em consequência dos cortes parciais no mercado interno introduzidos pelo novo governo em 1997, a eficiência decaiu (Le Grand, 2002).

Embora muitos analistas prevejam que o *cream-skimming* irá causar problemas de equidade, na prática não foi observada a existência de qualquer *cream-skimming*. A principal preocupação de equidade emergiu das diferenças entre os dois tipos de compradores, um dos quais – o dos clínicos gerais detentores de fundos – tinha mais sucesso na obtenção de ofertas melhores para os seus pacientes. Os clínicos gerais detentores de fundos eram especialmente eficazes a diminuir os tempos de espera, reduzir o encaminhamento para especialistas feito pelos hospitais e conter os custos das receitas médicas. Também eram mais capazes de gerar excedentes nos seus orçamentos do que as autoridades da saúde e eram capazes de gerar melhorias na capacidade de resposta dos prestadores.

Não havia indícios de um aumento da escolha dos pacientes e embora tivesse havido mudanças, durante o período em causa, em indicadores de qualidade como as listas de espera e os inquéritos de satisfação dos pacientes, era difícil atribuí-las às reformas. No entanto, um estudo descobriu um aumento de mortalidade nos ataques de coração em hospitais sujeitos a uma grande pressão concorrencial (Propper *et al.*, 2004). Isto pode resultar do facto de, ao contrário dos exemplos dos EUA citados antes e do quase mercado actual no Reino Unido, os preços não estarem fixados. Nesta situação, a teoria económica poderá prever que a concorrência leva à diminuição do preço e da qualidade – ao contrário da situação em que os preços são fixos. Aqui, a teoria poderá prever que a concorrência leva a melhorias na qualidade. Uma vez que essa é agora a única dimensão onde os concorrentes podem competir.

No global, apesar de algumas mudanças na cultura, as mudanças mensuráveis foram relativamente pequenas e, possivelmente, não tão importantes como previam os defensores das reformas ou temiam os seus críticos. Aparentemente, isso terá sido causado por a concorrência dentro do mercado ser limitada e isso, por sua vez, ter acontecido porque algumas das condições essenciais para o funcionamento do mercado não foram preenchidas. Mais especificamente, os incentivos para os actores do mercado eram demasiado fracos e os constrangimentos impostos pelo governo central demasiado fortes. Esta interpretação é reforçada pelo facto de a área com maiores mudanças, a dos clínicos gerais detentores de fundos, ter sido aquela onde houve maiores incentivos e menores constrangimentos.

Finalmente, existem dados a partir das experiências de escolha levadas a cabo em Inglaterra, cuja popularidade é referida em capítulos anteriores (Coulter *et al.*, 2005; Dawson *et al.*, 2004). Recordemos que se tratava de oferecer uma escolha de hospitais aos pacientes que estavam à espera há mais de seis meses. Concedia-se ajuda com o custo dos transportes e cada paciente tinha direito a um conselheiro para o ajudar nas escolhas relevantes – pontos aos quais voltaremos mais à frente.

A aceitação da escolha foi grande – o que não se pode dizer que seja surpreendente tendo em atenção que os pacientes em causa já esperavam há seis meses. É significativo que não tenha havido qualquer diferença na aceitação entre grupos socioeconómicos, com apenas uma excepção: os desempregados aceitaram a oferta da escolha com menos frequência do que os empregados. Os projectos-piloto também tiveram um impacto significativo nos tempos de espera nas áreas em que estavam a funcionar.

Então, quais são as lições que podem ser tiradas de tudo isto para o planeamento político? Não surpreenderá o leitor atento que estas condições sejam as mesmas aplicadas no modelo de escolha e concorrência na educação – pelo menos em traços gerais. As principais podem ser sintetizadas sob os títulos de concorrência (tem de ser real), escolha (deve ser informada) e *cream-skimming* (deve ser evitado).

Concorrência: Tem de Ser Real

Tal como vimos nos capítulos anteriores, para que o modelo da escolha e concorrência funcione – ou seja, para que proporcione os incentivos para uma maior qualidade, eficiência e capacidade de resposta – tem de haver concorrentes, actuais e/ou potenciais. Ou seja, tem de haver prestadores alternativos para escolher; deve haver formas fáceis de novos prestadores poderem entrar no mercado e, de maneira análoga, os prestadores que fracassaram poderem deixar ou sair do mercado; e tem de haver maneiras de prevenir que os actuais prestadores adoptem comportamentos anticoncorrenciais, como combinarem-se entre si contra o interesse dos utentes ou tentar criar monopólios locais (ou mesmo nacionais). Em resumo, a concorrência tem de ser real.

Disponibilidade de Alternativas

Para que a escolha exista e para que a concorrência seja real é preciso haver prestadores alternativos para escolher. É frequente dizer-se que esta condição não é cumprida em muitos serviços públicos: em particular que a oferta em termos de escolha é ilusória, especialmente na saúde e na educação. Londres é normalmente citada como excepção na Grã-Bretanha; à maioria da população de fora de Londres não é realista oferecer uma escolha de escolas e hospitais, pura e simplesmente porque não existem em número suficiente a uma distância fácil de percorrer – ou, pelo menos, esse é o argumento.

No entanto, os factos não confirmam esta afirmação, pelo menos no que diz respeito aos hospitais ingleses (em relação às escolas, veja o capítulo anterior). Um estudo do Kings Fund e da Universidade de Bristol concluiu que 92 por cento da população tinha dois ou mais consórcios do SNS a uma distância de 60 minutos de viagem de carro. Adicionalmente, 98 por cento da população tinha acesso a 100 ou mais camas disponíveis ou *desocupadas* do SNS e 76 por cento a 500 (Damiani *et al.*, 2005). As únicas áreas próximas da prestação monopolista eram as zonas relativamente pouco povoadas de Cornwall, North Devon, Lincolnshire e Cumbria. (A propósito, convém salientar que estes números também sugerem – ou, pelo menos, sugeriam na altura do estudo, 2001 – que havia uma considerável subutilização da capacidade do SNS inglês. Isto num período de extensas listas de espera, o que não dá uma boa imagem da combinação entre modelos de confiança e de comando e controlo para a prestação de serviços usada na altura([25]).

O argumento de que a escolha é ilusória ignora – facto evidente nestes números – o quão urbana é a população britânica. Quase 90 por cento vive em áreas urbanas, com mais de metade da população residente em apenas 66 urbes com populações de 100 mil habitantes ou mais (Denham e White, 1998). Existem problemas de potencial monopólio em áreas rurais, mas o número de pessoas afectadas é relativamente pequeno e a sua situação não deve ser usada para impedir a implementação de uma prática no resto do país se houver boas razões para a implementar. Não deve ser a cauda rural a abanar o cão urbano

E na verdade existem formas de introduzir a pressão concorrencial até em lugares onde existem monopólios geográficos. Isto pode incluir o *franchising*: onde um serviço local é oferecido em monopólio a um só fornecedor sob contrato, depois de um processo de licitação concorrencial. O contrato é por determinado período e no final desse período (digamos, de cinco anos) o processo de licitação será repetido. Em vez de concorrência *dentro* do mercado, haverá concorrência *pelo* mercado. O *franchising* levanta problemas – como encorajar o investimento a longo prazo quando o investidor só tem um contrato garantido por cinco anos, como evitar que o incumbido não tenha vantagem quando for repetido o processo de licitação – mas estes não são insuperáveis.

Dito isto, existem dados de que alguns pacientes, nomeadamente os de ambientes mais pobres, têm problemas com o transporte para os estabelecimentos médicos. Um exame aos dados feita por mim e por colegas do Departamento de Saúde e da London School of Economics sugere, talvez de forma algo surpreendente, que na Grã-Bretanha de hoje os pobres não têm necessariamente de se deslocar para muito mais longe, em termos de distância, do que os mais ricos para aceder a bons estabelecimentos médicos. No entanto, mesmo se as distâncias reais não são um factor para dissuadir os pobres de usar o SNS, o *custo* de percorrer essas distâncias ou, de uma forma mais geral, o acesso ao transporte, é importante. Mais especificamente, a existência de menos proprietários de automóvel e a consequente dependência dos transportes públicos entre os grupos de pessoas com rendimentos mais baixos é um factor significativo nos fracos níveis de utilização e nos altos níveis de não comparência às consultas (Dixon *et al.*, 2003)[26].

Portanto, para promover a equidade e ajudar a tornar a concorrência real, disponibilizar ajuda com o transporte e os custos de deslocação é um elemento essencial de qualquer política destinada a encorajar a escolha. Isso poderá implicar um melhor planeamento das infra-estruturas e dos horários do transporte público para facilitar o acesso a qualquer momento a uma série de estabelecimentos de saúde, ou a organização de transportes pelo SNS em nome dos pacientes. Idealmente, a ajuda financeira cobrirá todo o valor dos custos, incluindo os custos do tempo pedido no trabalho e os custos associados com um acompanhante[27].

Embora isto possa soar potencialmente muito dispendioso em termos de gastos públicos, na verdade, pode nem envolver um grande gasto suplementar para o erário público, pelo menos em Inglaterra. Vimos antes que a distância a percorrer para alcançar uma série de estabelecimentos médicos não é grande nas áreas urbanas do Reino Unido. E de facto já existe um plano de gastos de deslocação para o hospital, destinado aos pacientes avaliados como tendo rendimentos baixos ou que têm de percorrer habitualmente grandes distâncias[28]. Este inclui pacientes a precisar de transferência para tratamentos electivos e cuidados crónicos e socorro não urgente em acidentes e urgêcias. De acordo com dados de 1999/2000[29], houve 12,5 milhões de viagens de pacientes para deslocações não urgentes com um custo total de 150 milhões de libras, ou cerca de 180 milhões de euros, (ou, em média, 12 libras/15 euros por deslocação). Mesmo que, com o plano mais ambicioso aqui proposto, esses custos mais do que triplicassem, não envolveria uma soma enorme – especialmente quando comparado com o orçamento geral de 70 mil milhões de libras (84 mil milhões de euros) do SNS inglês.

Entrada

Uma das descobertas interessantes da pesquisa sobre os factores que levam a melhorias na produtividade em áreas que estão para além dos cuidados de saúde está relacionada com a importância de encorajar novos tipos de prestadores a entrar no mercado. Jonathan Haskel e colegas examinaram a produtividade de todas as instalações fabris do Reino Unido entre 1980 e 1992 e descobriram um padrão interessante ao longo do tempo. Houve um crescimento de produtividade durante esse período; no entanto, pelo menos metade resultou da entrada de novos fornecedores, altamente produtivos e a saída de velhos e de baixa produtividade. O resto do crescimento veio da pressão concorrencial sobre as empresas existentes e das mudanças na estrutura proprietária dessas firmas. Parece que o sangue novo é essencial para gerar eficiências e aumentar a produtividade (Disney *et al.*, 2003).

Logicamente, estas descobertas estão relacionadas com a manufactura e não com os cuidados de saúde, mas não parece haver nenhuma razão pela qual algo semelhante não possa ser aplicado também neste caso. Relacionado com isto, é interessante observar alguns dos primeiros efeitos dos novos centros de tratamento especializado que o Departamento de Saúde do Reino Unido contratou ao sector privado para prestar serviços a pacientes do SNS. Embora seja difícil fazer comparações directas (em grande parte por causa da falta de dados dentro do próprio SNS), os dados existentes sugerem que estes centros de tratamento privados são significativamente mais produtivos do que os seus equivalentes dentro do SNS (Department of Health, 2006).

Para evitar que surjam problemas ao promover-se a qualidade e eficiência, os novos prestadores devem ser seleccionados antes de serem autorizados a entrar no mercado. É preciso ter cuidado com tal, porém, para assegurar que este procedimento de selecção não seja "dominado" por prestadores actuais e utilizado como barreira para manter potenciais concorrentes ao largo. Como tal, a selecção deve ser levada a cabo por uma agência independente dos actuais prestadores e, como o governo será sem dúvida sujeito ao lóbi destes prestadores, deverá ser igualmente independente do governo.

Os novos prestadores enfrentam outras barreiras para entrar num mercado. Uma barreira óbvia na saúde é o custo de capital das novas instalações; pode ser bastante considerável, especialmente se for necessário equipamento de alta tecnologia. Há outra menos óbvia que tem a ver com os hábitos dos utentes. Se as pessoas estão habituadas a ser remetidas para o hospital local (ou se o médico de família está habituado a remetê-las para lá), pode ser difícil persuadi-las a usar um prestador novo ou diferente. Nestes casos, pode ser necessário oferecer algum tipo de ajuda aos novos prestadores, por exemplo, garantindo-lhes um preço mais alto pelos seus serviços ou garantindo-lhes um volume de negócios específico. No entanto, essa ajuda deve ser estritamente limitada no tempo.[30]

Saída

Em seguida coloca-se a questão crucial da "saída" ou, de uma forma mais geral, de como lidar com hospitais ou outros estabelecimentos médicos que fracassaram. Num modelo de escolha e concorrência é crucial que exista um tipo de mecanismo para lidar com o fracasso que imponha custos às instituições em declínio. Porque se não houver um custo para o fracasso, desaparecem muitos dos incentivos que são tão importantes para gerar os resultados desejados.

Vimos num capítulo anterior os problemas que a ausência de penalidades pelo fracasso (aliás, a sua aparente recompensa) provocaram no SNS galês quando este tentou utilizar o modelo da confiança na prestação de serviços. Ficou comprovado que o desenvolvimento de um fenómeno semelhante foi uma das razões pelas quais o mercado interno do SNS nos anos 90 não conseguiu gerar grandes mudanças comportamentais. Um importante hospital universitário de Londres teve problemas relativamente cedo na vida do mercado por estar a perder volume de negócio para hospitais de fora de Londres. Houve um protesto político considerável que teve como consequência o resgate do hospital em causa e a suspensão do mercado interno em Londres. Em resultado disso, não só foi removido o incentivo à melhoria desse hospital, como, ainda mais grave, teve o efeito de servir de aviso aos hospitais, gestores e clínicos de todo o país de que o fracasso financeiro não só não seria penalizado, como poderia até ser recompensado – com a consequência da forte debilitação dos incentivos em todo o sistema.

Lidar com prestadores de serviço ineficientes ou ineficazes oferece dificuldades permanentes para todos os sistemas de prestação de serviço público, incluindo modelos baseados na voz, confiança e comando e controlo, assim como os baseados na escolha. O fracasso provoca custos consideráveis em qualquer sistema, nem que seja para as pessoas que trabalham no estabelecimento em causa. Mas os outros modelos têm ainda uma dificuldade acrescida. O fracasso na qualidade é obscurecido porque, na ausência de escolha, as pessoas continuam a ter de ir ao estabelecimento em causa, por mais descontentes que estejam com o serviço que recebem; não existe um declínio gradual na procura (embora possa haver um aumento das reclamações, se os mecanismos de voz relacionados estiverem a funcionar normalmente). E o fracasso financeiro é muitas vezes ocultado, em parte porque os procedimentos contabilísticos tendem a ser menos rigorosos nestes modelos do que no da escolha e concorrência, mas mais ainda porque nestas situações é frequente as autoridades orçamentais se limitarem a dar o dinheiro necessário para salvar os prestadores em dificuldades financeiras (um fenómeno que, por sua vez, é facilitado pelos procedimentos contabilísticos complacentes).

Em contraponto, o fracasso na escolha e concorrência é óbvio. Se um hospital ou qualquer outro estabelecimento médico estiver a falhar em termos de qualidade, e isso for reconhecido pelos potenciais utentes, então não será escolhido por estes. Em consequência disso, as suas receitas descerão e o fracasso na qualidade reflectir-se-á no fracasso financeiro. O fracasso será claro; além disso, afectará relativamente poucas pessoas directamente. Por conseguinte, não será necessário ter outro mecanismo adicional para controlar a qualidade; e se for necessário fechar o estabelecimento, serão relativamente poucos os pacientes afectados.

No entanto, a própria clareza do processo de falência no modelo de escolha e concorrência cria, ou melhor, exacerba, um problema adicional. O do perigo de intervenções políticas para impedir essa falência. Para os ministros e outros políticos é muito difícil resistir a essas intervenções em qualquer sistema público em que são tidos como responsáveis. Em 2001, um deputado do parlamento britânico pertencente ao partido trabalhista no poder perdeu o seu lugar em Kidderminster para um médico, Richard Taylor, que o enfrentou na defesa de um hospital local ameaçado de perder importância por uma decisão de comando e controlo da autoridade de saúde local.

Porém, este tipo de intervenções são particularmente graves no caso dos modelos de escolha e concorrência, como demonstra a experiência do mercado interno de Londres. Porque, ao proteger os hospitais e os estabelecimentos médicos das consequências de perder pacientes, está-se a minar os incentivos à melhoria, tanto no próprio hospital como, por osmose, em todo o sistema.

Como se pode evitar a intervenção política destrutiva? Em parte, tendo procedimentos para lidar com a falência que sejam orientados por regras e deixem muito pouco espaço de manobra para o arbítrio e, por conseguinte, para a intervenção política. Uma dessas regras pode ser que a intervenção seja activada automaticamente se, tal como sugeriu Keith Palmer, especialista em regimes de falência, um prestador de serviços tiver défices superiores a três por cento das receitas totais em dois anos consecutivos (Palmer, 2005, p. 21)([31]).

Contudo, possivelmente, ainda mais importante do que a existência de regras no processo de intervenção é o requisito de que tanto a decisão de intervir, como a própria intervenção sejam levadas a cabo por uma agência independente do governo. Pode ser um regulador do sector: como nos serviços de utilidade pública privatizados no Reino Unido, onde os reguladores possuem poderes legais para agir na protecção dos consumidores se um serviço público estiver em apuros financeiros ou falir. Nestes casos, o regulador não tem de esperar até a empresa se tornar insolvente para agir e os seus poderes permitem-lhe aprovar ou rejeitar uma reestruturação financeira (Palmer, 2005, p. 17).

De facto, já existe numa parte do SNS inglês uma agência com poderes semelhantes. Trata-se da Monitor, um regulador com responsabilidade pelos Foundation Trusts. Os Foundations Trusts são, essencialmente, os hospitais prestadores de serviços dentro do SNS financiados e detidos pelo Estado mas operando independentemente do Departamento de Saúde. É à Monitor que cabe, antes de mais, avaliar a elegibilidade do hospital para ser um Foundation Trust e depois assegurar que o mesmo continua a cumprir as condições de elegibilidade, especialmente no que diz respeito à saúde financeira e ao tipo e qualidade de serviço que oferece.

A experiência da Monitor e do Bradford Teaching Hospitals Foundation Trust do SNS é um exemplo útil de como uma agência independente pode agir no sentido de isolar o governo de efeitos políticos adversos. Pouco tempo depois de se ter tornado um Foundation Trust, o hospital de Bradford percebeu que se encaminhava para um défice substancial, inicialmente estimado à volta de seis por cento do volume de negócios, mas possivelmente muito maior. A Monitor deu-se conta do problema poucos meses depois através dos seus procedimentos de controlo de rotina. Chamou consultores que escreveram um relatório extremamente crítico em relação à administração do Trust e aos seus sistemas, especialmente o financeiro. O consórcio ficou extremamente desagradado com o relatório dos consultores, mas a Monitor aceitou as suas conclusões e usou os seus poderes de intervenção para nomear um novo presidente do conselho de administração, que, por sua vez, remodelou o conselho de administração, trazendo um novo director executivo e um novo director financeiro. Foi elaborado um plano de recuperação financeira propondo poupanças de eficiência através de uma série de medidas, incluindo melhorias no aprovisionamento, aumento da utilização do bloco operatório, redução do tempo de internamento dos doentes e cerca de seis por cento de redução de pessoal. O plano teve êxito, com a recuperação do desempenho do Trust e a eliminação virtual do défice em 12 meses.

A característica fundamental do caso Bradford é que não houve intervenção política. Isto apesar de pressões de deputados locais sobre os ministros (e sobre o número 10 de Downing Street). Porém, os ministros (e o número 10) foram capazes se manter longe porque a Monitor estava a agir. Em consequência disso, o êxito na recuperação foi alcançado sem ajuda financeira e os incentivos foram mantidos.

Comportamento Anticoncorrencial

Em qualquer mercado existe o perigo de os actores do mercado se comportarem de forma a prejudicar a concorrência. É disso exemplo os acordos para fazer subir os preços, planos para dividir o mercado e não entrar no território de cada um e tentativas de assumir o controlo de concorrentes para criar um monopólio.

Poderá pensar-se que este tipo de comportamento canalha não é característico do quase mercado dos cuidados de saúde. Em muitos destes mercados, grande parte dos prestadores principais são organizações sem fins lucrativos voluntárias ou públicas e poderia esperar-se que o seu comportamento fosse menos mercenário: isto é, mais de cavaleiros e menos de canalhas. Como realça o estudo da Universidade de Bristol citado anteriormente, esta perspectiva influenciou na verdade várias sentenças dos tribunais sobre comportamento anticoncorrencial no mercado de cuidados de saúde dos EUA. Uma das sentenças afirmava que "O Conselho de Administração do Hospital Universitário está simplesmente acima de qualquer conluio." (Burgess *et al.*, 2005, p. 27).

No entanto, tal como é salientado pelo estudo de Bristol, os dados sobre o comportamento das organizações não lucrativas nos Estados Unidos não sustentam esta perspectiva. Estas organizações usam o poder do mercado da mesma forma que as lucrativas, com, por exemplo, a fusão de hospitais a levar ao aumento dos preços. Mesmo a actividade cavalheiresca de prestar cuidados a quem não pode pagar (o denominado "cuidado não compensado") não difere muito entre lucrativas e não lucrativas[32].

Portanto, é provável que mesmo nos quase mercados de cuidados de saúde, com grande proporção de organizações não lucrativas e públicas, haja necessidade de uma política para lidar com o comportamento anticoncorrencial. Mais uma vez, para evitar interferências políticas injustificadas e inúteis, a resposta parece estar num sistema de regras implementado por um regulador independente. Seria de facto sensato que este regulador fosse o mesmo que aquele que decide a entrada e a saída dos prestadores de serviços no mercado; porque todas as decisões relevantes são aspectos relacionados com a concorrência e de facto são parte integrante da questão de criar verdadeira concorrência.

Escolha: Deve Ser Informada

Nos capítulos anteriores enfatizámos a importância da informação para o modelo da escolha e concorrência funcionar. Mais especificamente, para a escolha funcionar como propulsor efectivo da qualidade, é necessário confiar na opinião do utente sobre a qualidade e a capacidade de resposta do serviço e que os prestadores reajam às escolhas feitas com base nessas opiniões.

Na saúde, trata-se realmente de um factor-chave, uma vez que a maior parte da informação relevante é de natureza técnica com a qual os pacientes terão dificuldade em lidar. E, de facto, são poucos os sinais de que quando lhes apresentam informações sobre, por exemplo, a qualidade dos resultados de cada cirurgião, os pacientes utilizem realmente essa informação para tirar as conclusões apropriadas (Burgess *et al.*, 2005, p. 3; Hibbard 2003; Marshall *et al.*, 2000).

No entanto, nem tudo está perdido. Mesmo não se guiando pela escolha dos pacientes, há indícios de que os prestadores utilizam informação pública para melhorar o seu desempenho – mesmo se, como salientámos antes, ao fazê-lo, algumas vezes se envolvam em manobras dúbias de tratamento dos números. Isto poderá ser por orgulho profissional (o fenómeno de nomear para envergonhar discutido num capítulo anterior), ou porque acreditam que, embora os pacientes não utilizem essa informação directamente, eventualmente afectará a escolha do paciente através do impacto na sua reputação.

Além disso, existem formas de tornar a informação mais acessível e mais utilizável pelos pacientes. Algumas foram sintetizadas de forma prática por Judith Hibbard da Universidade do Oregon (Hibbard e Peters, 2003)[33]. Incluem processos para diminuir o esforço exigido através de ferramentas informáticas de decisão e símbolos visuais (como o de classificar instalações médicas com estrelas); ajudar as pessoas a ter uma ideia melhor de como poderia ser a experiência resultante de determinada escolha que fosse feita (através de narrativas ou histórias); e sublinhando o significado da informação ao "enquadrá-la" adequadamente. Um exemplo deste último: as pessoas compreendem melhor as frequências ("duas pessoas em cada 100 sofrem complicações com este tratamento") do que as probabilidades ("há dois por cento de probabilidades de ter complicações com este tratamento").

O Patient Care Adviser (PCA – Conselheiro de Cuidados do Paciente) é uma inovação que, nos projectos-piloto mencionados antes, demonstrou ter muito sucesso a ajudar a ultrapassar o problema da informação do paciente e a encorajar a escolha no Reino Unido. Os PCA são pessoal treinado, alguns com formação clínica, que aconselham na escolha do prestador; também dão conselhos em outras matérias, incluindo clínicas (aqueles que têm formação clínica), e oferecem apoio e tranquilidade.

Esta ideia pode ser alargada. As responsabilidades deste papel podem incluir a supervisão de planos de cuidados, a oferta de escolhas de prestadores, a discussão de opções de tratamento, a identificação de necessidades especiais relacionadas com deslocações, invalidez (mobilidade) e linguagem (comunicação), o fornecimento de informação e de actualizações sobre a via a seguir em matéria de cuidados (incluindo avaliação, tratamento e reabilitação), a marcação de consultas com os prestadores, arranjar transporte, ajudar os pacientes a orientar-se no sistema e apoiar/treinar os pacientes em termos de cuidados próprios, autogestão e mudança de comportamentos. Outra vantagem deste plano é que, em relação ao PCA, pode-se recorrer a competências já existentes: enfermeiros, farmacêuticos (para regimes médicos) ou mesmo ex-pacientes (para saúde mental, por exemplo).

Uma das potenciais críticas à ideia dos PCA é que pode ser intensiva em termos de recursos. Isso é particularmente possível se para tal for criado um novo cargo profissional, gerando um "exército de burocratas". Por outro lado, será menos provável se o plano aproveitar capacidades existentes. E podem poupar-se recursos. Pode levar a uma melhor utilização da capacidade hospitalar, a pacientes mais informados e activos que assumam responsabilidade pela sua saúde e cuidados, a uma redução da taxa de não comparência e a um melhor planeamento e coordenação dos cuidados. Pode libertar o tempo dos clínicos gerais e das consultas. Adicionalmente, o custo pode ser reduzido se o plano for aplicado a áreas pobres – aquelas onde há maiores probabilidades de surgirem grandes problemas de equidade.

Tem de se tomar cuidado para que os PCA não se transformem noutra camada de profissionais entre o paciente e o serviço, e também para que o plano não encoraje uma maior dependência dos pacientes. Em relação a isto, vale a pena referir que existem outros cargos na maioria dos serviços de saúde que já cumprem algumas das funções propostas para os PCA, como as enfermeiras especialistas em cancro e diabetes e os defensores do paciente. Em outras áreas de serviço público, como nos centros de emprego, foi introduzido o papel do conselheiro – mais uma vez, com grande sucesso. Por isso, uma das prioridades deve ser a instituição daquilo que já acontece nos serviços de saúde e em outras áreas, aprender com a experiência relevante e construir a partir daí.

Cream-skimming: Deve Ser Evitado[34]

Nos sistemas de saúde com a possibilidade de o consumidor escolher entre múltiplas seguradoras, o *cream-skimming* pode surgir no lado do seguro, com as seguradoras a tentar seleccionar segurados com bons riscos de saúde e desencorajar os piores riscos de saúde ou cobrando-lhes prémios mais altos. Nos sistemas de segurança social com fundos múltiplos, onde os fundos podem escolher quem aceitam como membros, tentam seleccionar segurados abaixo do risco médio. Em sistemas como o do Reino Unido, onde os compradores têm uma população definida, o problema está confinado ao lado do prestador, pelo que os consultórios dos clínicos gerais ou os hospitais poderão tentar seleccionar pacientes mais fáceis ou baratos de lidar. Em consequência disso, há uma discriminação contra grupos com riscos maiores de doença, como os idosos ou os pobres.

Neste caso preocupa-nos fundamentalmente a aplicação do modelo da escolha e concorrência ao modelo de escolha do prestador.

CUIDADOS DE SAÚDE

E concentrarmo-nos num caso em particular ajudará a focar a discussão: o do SNS britânico.

Tanto os incentivos para fazer *cream-skimming*, como as oportunidades para o fazer estão presentes no SNS. Como os clínicos gerais recebem a maioria dos seus recursos com base na capitação, existe um forte incentivo para fazer o *cream-skimming* dos pacientes de baixo risco que consomem menos recursos. A oportunidade surge de inúmeras formas, incluindo a recusa em inscrever ou aceitar pacientes de fora da lista. Não temos conhecimento de provas concretas da ocorrência desta prática, embora haja muitos casos relatados.

A situação dos hospitais é um pouco mais complicada. Quanto mais baixo o risco de saúde associado aos pacientes para tratamento hospitalar, menos recursos requerem, maiores são as possibilidades de recuperação rápida e mais depressa podem receber alta. Portanto, dar preferência aos pacientes com riscos mais baixos ajuda, ao mesmo tempo, as finanças do hospital e a sua capacidade de cumprir metas governamentais, como a redução das listas de espera.

O incentivo é agora maior com a actual adopção generalizada no SNS de um sistema de preço fixo: o denominado "pagamento por resultados", que fixa o preço das "tarifas" por tratamento. Como vimos antes no caso dos EUA, os preços fixos realmente oferecem um incentivo ao *cream-skimming*, pelo qual os hospitais tentam atrair pacientes cujos custos de tratamento calculam que serão abaixo do preço fixo que estão a oferecer e "largam" os pacientes cujos custos calculam que sejam acima desse preço.

Existem, portanto, incentivos significativos para o *cream-skimming*. O facto de a maioria dos hospitais terem longas listas de espera onde se incluem pacientes de alto e baixo risco dá azo a grandes oportunidades para que esses incentivos sejam postos em prática. Mas também existem factores que vão contra o *cream-skimming* dos hospitais e dos médicos de clínica geral. Em primeiro lugar está a questão do conhecimento: será que quem está encarregado da admissão na lista de pacientes de uma clínica ou de pacientes de ambulatório num hospital sabe efectivamente distinguir entre pacientes de alto e de baixo risco? Em segundo lugar, há a ética profissional ou as motivações "cavalheirescas". Os médicos não gostam de recusar pacientes necessitados; na verdade, os deveres de um médico, tal como são estabelecidos pelo General Medical Council, incluem "torne o cuidar do paciente a sua primeira preocupação" e "garanta que as suas convicções pessoais não prejudicam os seus pacientes" (General Medical Council, 2006). Em terceiro lugar, existem interesses profissionais: pacientes mais complicados podem ser um desafio intelectual (embora, claro, para os médicos que buscam uma vida calma, isto pode funcionar como um incentivo positivo para o *cream-skimming*).

Vale a pena salientar que, pelo menos nos hospitais, estes incentivos para não fazer *cream-skimming* estão grandemente associados aos clínicos, enquanto que os incentivos directos para o *cream-skimming* (financeiros, a pressão para reduzir as listas de espera) afectam principalmente a gestão do hospital. Muitos estudos indicam que são os clínicos os principais decisores nos hospitais do SNS (Crilly e Le Grande, 2004), sugerindo que talvez os incentivos à não aplicação de *cream-skimming* sejam superiores aos incentivos ao *cream-skimming*.

A situação complica-se ainda mais pelo facto de os compradores do SNS recorrerem cada vez mais aos prestadores privados, como centros de tratamento e serviços de saúde mental. Pode argumentar-se que os incentivos para o *cream-skimming* se intensificam num contexto de procura do lucro: que os prestadores privados são geridos por "canalhas" e não por cavaleiros e, por conseguinte, explorarão implacavelmente qualquer oportunidade que tenham para aumentar os seus lucros, incluindo as oportunidades oferecidas pelo *cream-skimming*. Trata-se claramente de um perigo, embora, mais uma vez, propenso a ser compensado parcialmente pelo facto de algumas das organizações "privadas" em causa serem na verdade não lucrativas e, como tal, propensas a terem uma estrutura motivacional mais complicada (e mais cavalheiresca) do que a simples maximização do lucro.

Vimos que os incentivos e as oportunidades para a selecção do risco ou o *cream-skimming* existem no actual SNS, embora não tenhamos sido capazes de encontrar provas directas da sua prevalência. Será que a introdução da escolha do paciente na cirurgia electiva e em outras formas de tratamento não urgente tornam as coisas melhores ou piores?

Se a escolha do paciente for conjugada com o pagamento por resultados usando um preço fixo ou um sistema de tarifas, e na ausência de uma acção correctiva, a resposta é que, provavelmente, fará com que as coisas sejam piores, pelo menos na perspectiva dos incentivos. Com uma tarifa fixa, os hospitais têm um forte incentivo para aceitar os pacientes cujo tratamento vá custar menos do que a tarifa e um incentivo igualmente forte para não aceitar os pacientes cujo tratamento vá custar mais. Além disso, o facto de o pagamento por cada paciente se tornar tão transparente e as recompensas pelo *cream-skimming* se tornarem, consequentemente, tão claras provavelmente irá acentuar esse efeito. Mais uma vez, isto pode ser compensado parcial ou totalmente pela ética e os interesses profissionais e pelo poder dos profissionais para controlar as admissões.

No que diz respeito às oportunidades, a posição dependerá dos efeitos da escolha dos pacientes nas listas de espera. Um hospital sem listas de espera pode ainda assim fazer *cream-skimming* se aqueles que estão a cargo das admissões considerarem que determinado paciente custará mais do que a tarifa que irão receber e tiverem o direito de recusar tratamento. Só que nesse caso a probabilidade é que o hospital funcione significativamente abaixo da sua capacidade. É provável que essa recusa visível de tratar pacientes quando existe capacidade para isso seja notada pelos clínicos gerais, que identificarão os hospitais que estão a "livrar-se" de pacientes e poderão usar as suas decisões de compra para pôr em causa tal opção. Portanto, se o alargamento da escolha e a expansão das capacidades levar à eliminação das listas de espera ou até a uma escassez de pacientes, isto poderá reduzir as oportunidades para o *cream-skimming*. Por outro lado, se alguns hospitais populares adquirem uma longa lista de espera por causa das escolhas dos pacientes, então pelo menos aumentam as suas oportunidades para o *cream--skimming*.

Os hospitais também podem recorrer ao *cream-skimming* de formas menos ostensivas. Por exemplo, um hospital pode instalar-se numa área mais abastada onde, em média, a população local será de risco mais baixo. Um hospital pode decidir não ter um serviço de urgência ou traumatológico, excluindo com isso todas as admissões de urgência (e mais caras), uma via de acesso que é, também, a mais prevalente entre grupos socioeconómicos mais baixos. O hospital pode promover os seus serviços a populações-alvo de risco mais baixo e, talvez, a pacientes mais abastados. Ou pode alterar o *case mix* dos seus pacientes, providenciando instalações limitadas para cuidados intensivos (embora isto apenas venha discriminar de forma sistemática os grupos socioeconómicos mais baixos, na medida em que têm mais comorbilidades).

No geral, parece provável que algum impacto negativo sobre a equidade emergirá do facto de a escolha do paciente aumentar os efeitos de *cream-skimming*. Então, o que se deve fazer?

Uma possibilidade passa por introduzir algum tipo de plano de seguro de limite de perdas, com base no qual um hospital que se veja perante um paciente cujos custos do tratamento estejam para além do limite normal recebe uma alocação adicional assim que o custo passar um determinado limiar. Isto terá de ser justificado como custos catastróficos (e não em resultado de cuidados de má qualidade). Tem a vantagem de remover o incentivo para discriminar pacientes de alto custo e o problema de os hospitais em causa não terem incentivo para economizar no tratamento, a partir do momento em que o limiar seja ultrapassado.

Um plano semelhante foi usado para acabar com o *cream--skimming* por parte dos clínicos gerais detentores de fundos (assinalado como um problema potencialmente significativo para o plano na altura da sua introdução – Scheffler, 1989). Parece ter tido resultado, observando-se pouco ou nenhum *cream-skimming* enquanto o plano durou (Goodwin, 1998).

Uma segunda possibilidade é a de retirar completamente as decisões de admissão aos hospitais. Os clínicos gerais terão a "posse" da lista de espera ou de referência e aos hospitais e a outros centros de tratamento será requerido que aceitem aqueles que lhes forem referidos pelos clínicos gerais. Na verdade, tal já é contemplado pela introdução do *e-booking* e da escolha no ponto de referência.

Uma terceira alternativa é ajustar em termos de risco o sistema de tarifas, de maneira a que seja associada uma tarifa mais alta aos pacientes de alto risco. Em parte tal deverá contecer com o sistema nacional de tarifas de pagamento por resultados. Se este estiver ajustável por risco, pode eliminar completamente o *cream-skimming*. No entanto, como foi demonstrado muitas vezes, o ajustamento do risco é um assunto complexo e difícil; está comprovado que o ajustamento perfeito do risco é uma tarefa impossível. E enquanto o ajustamento do risco não for perfeito, haverá sempre um incentivo ao *cream-skimming*. Os pagamentos de ajustamento do risco também propiciam um incentivo para classificar os pacientes em categorias de alto custo mais lucrativas.

Uma forma de ajustamento do risco que seria simples e ajudaria a atenuar quaisquer desigualdades socioeconómicas derivadas do *cream-skimming*, seria uma tarifa de ajuste de escassez. A tarifa pode ser inversamente associada a um índice de áreas de escassez, de maneira a que os tratamentos para os pacientes de áreas de escassez tenham tarifas mais elevadas do que os tratamentos para aqueles de áreas mais abastadas. Isto pode, de facto, ser uma forma de ajuste de risco, uma vez que a opinião generalizada é que, quando todas as outras condições são iguais, as pessoas pobres têm recobros mais lentos de quaisquer formas de tratamento do que os seus conterrâneos mais ricos.

No geral, não sabemos se a selecção de risco ou o *cream-skimming* acabarão por se transformar num problema associado ao alargamento da escolha do paciente. À medida que a política for implementada, deve ser levada a cabo uma auditoria de equidade, em parte para controlar o progresso do pacote de apoio à escolha, mas também para avaliar se surgiram consequências adversas em termos de equidade a partir da selecção do risco. Caso se torne numa preocupação, devem ser exploradas opções políticas para lidar com o problema.

Conclusão

Os sistemas de escolha e concorrência podem atingir os fins da política da saúde. Porém, devem ser adequadamente planeados para cumprir as condições de eficiência. São precisos mecanismos para assegurar que a entrada de novos prestadores é fácil; que é possível a saída e que as decisões críticas estão imunes à interferência política; que é dada aos pacientes a informação relevante e a ajuda necessária para escolher, especialmente aos pacientes mais desfavorecidos; e de que existem ajudas para os gastos com transportes, mais uma vez preferencialmente direccionados para os mais desfavorecidos. Além disso, as oportunidades e incentivos para o *cream-skimming* devem ser eliminados, seja não permitindo aos prestadores que determinem as suas próprias admissões, seja através do ajustamento adequado do sistema de preço fixo.

CAPÍTULO 5

Novas ideias

ATÉ AGORA NESTE LIVRO TEMO-NOS FOCADO PRINCIPALMENTE em examinar as políticas de escolha e concorrência que já foram implementadas ou estão em processo de implementação. Este capítulo é mais especulativo. Olha para algumas das formas possíveis de ir para além destas políticas e alargar algumas das ideias básicas a outras áreas. No entanto, em vez de um tratamento geral que implicaria regressar a terrenos já pisados, parece-nos melhor oferecer alguns exemplos concretos de formas de levar a cabo esse alargamento. Como tal, o capítulo concentra-se em três ideias específicas, cada uma delas desenvolvendo um aspecto das discussões anteriores. Uma diz respeito a alargar a ideia da escolha do prestador nos serviços de saúde a outro aspecto da escolha, a do tratamento, através do desenvolvimento de orçamentos dos pacientes. Outra desenvolve uma proposta, o bónus de desvantagem na educação, para aproveitar o poder dos incentivos positivos para melhorar a educação dos mais desfavorecidos. Por fim, a terceira propõe a ideia de um novo tipo de prestador, o consultório de assistência social, que pode oferecer escolhas numa área de serviços públicos que, pelo menos na Grã-Bretanha, encontra-se bastante limitada: a da assistência social de crianças à guarda do Estado.

Orçamentos dos Pacientes

Até agora confinámos a nossa discussão na saúde à escolha do prestador. Aqui discutimos uma forma mais alargada de escolha: dar orçamentos aos pacientes para poderem escolher o seu tratamento e o prestador desse tratamento[35]. Uma ideia semelhante, chamada "pagamentos directos", já foi explorada no Reino Unido e em outros locais para a assistência social a pessoas deficientes, por isso fornecemos uma breve descrição das formas como tem sido aplicada (ver também Glasby e Littlechild, 2002). A seguir consideramos algumas maneiras de as ideias serem aplicadas nos cuidados de saúde e apreciamos alguns dos seus méritos e deméritos.

Pagamentos Directos na Assistência Social

No Reino Unido, os chamados "pagamentos directos" são pagamentos em dinheiro feitos directamente pelas autoridades locais às pessoas deficientes e a outros grupos para lhes permitir adquirir os serviços que foram considerados necessários[36]. Originalmente, o plano estava confinado aos utentes do serviço entre os 18 e os 65 anos, mas tem sido alargado para incluir pessoas mais idosas e jovens de 16 e 17 anos, cuidadores e pais de crianças deficientes. Os serviços envolvidos incluem apoio aos deficientes, assistência pessoal, baixas de curta duração e cuidados permanentes. É uma alternativa ao sistema tradicional de prestação de assistência social no Reino Unido, onde as autoridades locais têm actuado como prestadores directos destes serviços.

De acordo com as actuais disposições organizativas, é preciso uma conta bancária para receber pagamentos directos. As autoridades locais mostram claramente em que é o que dinheiro pode e não pode ser gasto; e o utente deve ter os registos de como é gasto o dinheiro. Alguns usam contabilistas, ou uma agência apropriada para o fazer; e a maioria das autoridades criou equipas de apoio para ajudar ao pagamento directo. Além disso, cada autoridade deve ter em vigor procedimentos detalhados de supervisão financeira para propósitos de auditoria, de modo a cumprir a sua obrigação de assegurar que os fundos públicos são gastos para produzir os resultados pretendidos.

Nenhuma avaliação nacional do plano de pagamentos directos foi levada a cabo até agora. No entanto, existem várias avaliações de determinados planos, todas favoráveis. Uma análise do funcionamento do plano na Escócia chegou à seguinte conclusão.

> Existem fortes indícios de que os pagamentos directos podem aumentar a escolha e o controlo que os beneficiários exercem sobre as suas próprias vidas. Tal é particularmente impressionante quando comparado com a falta de escolha e controlo que os beneficiários sentiram com alguns serviços prestados por autoridades locais. (...) Deve ser realçado que os beneficiários identificaram muito poucas desvantagens nos pagamentos directos.
>
> WITCHER *et al.* (2000, parágrafo 7.6)

Os próprios beneficiários são bastante favoráveis em relação ao plano. Entre os comentários habituais dos indivíduos portadores de deficiência estão os seguintes.

> As coisas não podiam estar melhores agora. Tem-me dado muito mais liberdade e controlo e desempenho um papel mais activo na vida familiar. Para mim, resume-se a escolha, liberdade e controlo. Tem sido incrível, a minha vida mudou completamente.
>
> WITCHER *et al.* (2000, parágrafo 6.106)

Uma revisão da literatura a propósito de comentários ao pagamento directo:

> Uma característica significativa das descobertas feitas nos diversos materiais de pesquisa e avaliação tem sido o de como a qualidade de vida das pessoas deficientes melhorou com o plano. A sensação de controlo tem sido um aspecto central em todas as conclusões, o que mais uma vez demonstra a experiência de fomentar a autonomia dos planos de pagamento directo. (...) Escolha e flexibilidade eram os outros temas constantemente indicados em todos os relatórios. O outro

ponto significativo a mencionar, sublinhado pelo relatório (...) era a eficácia em termos de custos do plano em comparação com uma prestação de serviço directo interna.

Hasler (2003, p. 1)

As pessoas mais idosas a receber pagamentos directos declararam que se sentiam mais felizes, mais motivadas e que tinham melhor qualidade de vida do que antes. Houve um impacto positivo sobre a sua saúde social, emocional e física. Adicionalmente, os pagamentos directos têm sido usados para satisfazer necessidades individuais específicas, por exemplo, permitindo que as pessoas de grupos étnicos minoritários contratem assistentes pessoais que saibam comunicar com eles (Joseph Rowntree Foundation, 2004).

Como assinalado por Hasler (2003), uma vantagem adicional dos planos de pagamento directo é a de que parecem dar um maior valor ao dinheiro. A experiência tem demonstrado que os serviços prestados directamente são mais caros do que aqueles adquiridos através do plano de pagamentos directos, com estes a custar menos 20 a 40 por cento do que os serviços equivalentes prestados de forma interna.

Autoridades locais, gestores de serviços médicos e assistentes sociais têm muitas vezes tendência a resistir à implementação do plano, dando como explicação o excesso de papelada, a pressão do tempo e a incapacidade dos clientes para lidar com a responsabilidade. Contudo, a experiência com os planos em funcionamento gera atitudes mais positivas entre estes grupos.

A Unidade Estratégica do Primeiro-Ministro (PMSU – iniciais de Prime Minister's Strategy Unit) propôs combinar fontes de financiamento diferentes nos "orçamentos individuais", para:

> ajudar as pessoas deficientes a alcançar uma vida independente através da mudança progressiva para os orçamentos individuais para pessoas deficientes, agrupando os serviços a que têm direito e dando-lhes maior escolha sobre a mistura de apoio que recebem em forma de dinheiro e/ou prestação directa de serviços.

PMSU (2005, p. 7)

Todas estas propostas têm sido defendidas num *Social Care Green Paper* (Livro Verde da Assistência Social), que sustenta que:

> [t]odos os grupos têm potencial para beneficiar da oportunidade de ter um maior controlo sobre os serviços de que precisam, e como estes devem ser prestados, de uma maneira que ofereça os benefícios reais da escolha e o controlo dos pagamentos directos sem os potenciais fardos. Consequentemente (...) propomos testar a introdução de orçamentos individuais para adultos com incapacidade ou com necessidade avaliada de apoio social.
>
> Departamento de Saúde (2005c, p. 11)

E, de facto, na altura em que escrevo, os testes de viabilidade dos orçamentos individuais estão a ser levados a cabo pelo Departamento de Saúde, em conjunto com outros departamentos governamentais, em 13 locais piloto por todo o país.

Pagamentos Directos em Cuidados de Saúde

Neste momento, os pagamentos directos não podem ser usados legalmente para adquirir cuidados de saúde no Reino Unido, mas muitos têm falado acerca da possibilidade de alargar o plano de assistência social à área dos cuidados de saúde. Jennifer Rankin, do Institute for Public Policy Research, sugeriu que seja dada aos utentes do serviço de saúde mental uma forma de pagamento directo a que chama "orçamentos de recuperação pessoal" (Rankin, 2005). A saúde mental foi também seleccionada como área possível para experimentar os pagamentos directos num processo de consulta com os utentes, as organizações de pacientes, os consórcios do SNS e as Autoridades Estratégicas de Saúde que o Departamento de Saúde do Reino Unido conduziu no período de preparação para o seu documento sobre escolha dos pacientes (Department of Health, 2003). Um comentário característico foi o de que "os pagamentos directos são uma opção para alargar a escolha na saúde mental". Outras áreas foram também escolhidas na consulta como possibilidades para alargar os pagamentos directos, por exemplo, "o sistema de pagamentos directos pode ser alargado a outros cuidados e tratamentos, como *vouchers* para serviços de maternidade"([37]).

A NHS Confederation, na sua resposta à consulta sobre a escolha, afirmou que "haveria benefícios significativos em usar pagamentos directos para um número de doenças em termos de dar mais poder aos pacientes", embora, de seguida, discutisse alguns dos problemas com a abordagem (NHS Confederation, 2003, p. 19).

Caroline Glendinning e colegas do National Primary Care Research and Development Centre da Universidade de Manchester entrevistaram 15 pessoas deficientes que recebiam pagamentos directos da assistência social (Glendinning *et al.*, 2000). A maioria declarou que utilizava de facto os pagamentos para adquirir componentes de cuidados de saúde, incluindo fisioterapia, controlo da incontinência e quiropodia. Queriam também a oportunidade para adquirir uma gama muito mais vasta de serviços relacionados com a saúde.

Em Dezembro de 2004, Jon Glasby, do Health Service Management Centre da Universidade de Birmingham, dirigiu um pequeno seminário privado para os principais interessados onde explorou a questão em pormenor. Num documento que resume as discussões concluiu:

> Como primeiro passo, houve um certo grau de consenso de que haveria liberdade imediata para alargar os pagamentos directos a áreas pequenas e relativamente discretas dos cuidados de saúde, como pessoas com necessidades complexas já a receberem pagamentos directos pelas suas necessidades de assistência social. Outras áreas para consideração inicial incluem cuidados de saúde permanentes e assistência de longa duração, assim como equipamento de saúde e cuidados paliativos e terminais.
>
> GLASBY e HASLER (2004, p. 14)

A instituição beneficente Macmillan Cancer Relief tem planos para transformar em projecto-piloto um sistema de pagamentos directos para os pacientes de cancro adquirirem os cuidados que considerem prioritários e necessários. Embora confinado inicialmente ao que consideraríamos, de uma forma convencional, formas de assistência social (jardinagem, compras, cuidados pessoais, assistência domiciliária), o esquema pode ser alargado para lhes permitir adquirir aquilo a que a Macmillan chama de "assistência total": a junção de todos os serviços que as pessoas afectadas por cancro necessitam e querem. Estão também a considerar agora a criação de um cartão electrónico com "milhas de assistência" que podem ser usadas para adquirir serviços. Os utentes serão auxiliados por um *personal shopper* da Macmillan.

Embora, como assinalado antes, o melhor conselho legal seja o de que os pagamentos directos na assistência social não podem ser usados actualmente no Reino Unido para serviços de saúde, e que os fundos do SNS não podem ser usados para fazer pagamentos directos, na prática existem casos onde isto tem acontecido, ainda que de uma forma indirecta. Um é o conhecido caso Pointon (a seu tempo sujeito a uma decisão do provedor que investiga as queixas contra entidades públicas) em que um consórcio de cuidados primários pagou o custo de um cuidador permanente para um paciente com a doença de Alzheimer, o senhor Pointon, através de um pacote de pagamentos directos organizado pelo departamento de serviços sociais local.

Pagamentos Directos em Outros Países

A experiência positiva dos pagamentos directos na assistência social no Reino Unido tem repercussões internacionais. Nos Estados Unidos, o programa Medicaid Cash and Counseling dá um subsídio mensal aos beneficiários elegíveis que escolhem participar para a aquisição de bens e serviços relacionados com a incapacidade (incluindo a contratação de parentes como trabalhadores). O programa também providencia aconselhamento e assistência fiscal e permite aos utentes designar representantes (como por exemplo familiares) para tomarem decisões em seu nome. Uma avaliação do programa nos estados norte-americanos do Arkansas, Florida e New Jersey concluiu que este diminuía as necessidades não satisfeitas dos utentes, aumentava a sua satisfação com os cuidados e não aumentava a probabilidade de incidentes de saúde adversos em comparação com o grupo de controlo (Forster *et al.*, 2003).

Um acompanhamento de avaliação de três anos no Arkansas, usando grupos de tratamento e controlo, concluiu que o grupo de tratamento tinha custos para a Medicaid mais elevados do que o grupo de controlo. Mas isto devia-se a que muitos dos controlos não recebiam ajuda paga e no total obtinham apenas dois terços dos serviços a que tinham direito. Além disso, no final do segundo ano, as despesas mais elevadas em cuidados pessoais eram compensadas por gastos mais baixos em casas de repouso e outros serviços da Medicaid (Dale *et al.*, 2003).

Diversos países escandinavos usam pagamentos directos na assistência social. Municípios na Suécia e Dinamarca têm sistemas de pagamentos em dinheiro para as pessoas idosas e fisicamente incapacitadas adquirirem assistência pessoal e, de certa forma, para os deficientes mentais fazerem o mesmo. Mais uma vez, estes revelaram-se bastante populares junto dos destinatários e o seu sucesso levou a propostas para ampliar os planos de modo a incluir aspectos dos cuidados de saúde (Abildgaard e Vad, 2003).

Nos Estados Unidos houve algumas tentativas para alargar a ideia aos cuidados de saúde. Há experiências em curso usando orçamentos para pacientes com problemas de saúde mental no Michigan e Oregon. No Michigan, o Community Mental Health Service Program oferece oportunidades aos adultos com problemas de desenvolvimento ou doenças mentais de controlarem os serviços de saúde mental da sua especialidade, com orçamento individual incluído. O plano do Oregon dá aos indivíduos com problemas de desenvolvimento o controlo sobre uma vasta gama de serviços através de um orçamento individual, incluindo terapia ocupacional e física, transporte, emprego, formação familiar, assistência pessoal e domiciliária. Há um agente que actua de acordo com as preferências individuais em vez de ser o indivíduo a efectuar directamente as aquisições em dinheiro.

Em 2003, o Presidente Bush assinou a lei de criação de um sistema de Contas Poupança Saúde (CPS) que tem algumas semelhanças com o esquema dos pagamentos directos. Uma CPS é uma conta em que os indivíduos e os seus empregadores podem efectuar depósitos livres de impostos para futuras despesas médicas. Para estarem qualificados, os indivíduos têm de possuir também uma apólice de seguro com uma franquia alta, de modo a cobrirem contas médicas elevadas ou inesperadas. Os fundos permanecem na conta de ano para ano: não há regra de "tem de o usar senão perde-o". Quando o indivíduo morre, o cônjuge torna-se titular da conta e pode usá-la como se fosse a sua própria CPS. Se o indivíduo é solteiro, ou depois da morte do cônjuge, a conta deixa de ser especificamente uma CPS e torna-se parte do património da pessoa para ser transmitido aos beneficiários, tal como outro activo qualquer.

A CPS difere daquilo a que chamamos orçamentos dos pacientes, pois o dinheiro não vem de fundos governamentais (excepto indirectamente por via do privilégio fiscal das contas) e não estão ligadas a um diagnóstico particular ou avaliação de necessidade. Contudo, desempenham um papel semelhante ao conferir aos utentes um maior grau de controlo sobre os cuidados que recebem e incentivos para usar os recursos de maneira a atender os desejos e necessidades dos utentes[38]. Actualmente, a Florida, Carolina do Sul, e West Virginia planeiam introduzir as CPS como parte do programa da Medicaid para ajudar os mais necessitados; este projecto implica o recurso a dinheiros públicos e será usado para permitir que os beneficiários da Medicaid possam comprar seguros de saúde, nuns casos, e serviços directos, noutros (Milligan *et al.*, 2006).

Como Funcionam os Orçamentos dos Pacientes nos Cuidados de Saúde?

Como temos visto, os pagamentos directos na assistência social no Reino Unido e em outros países melhoraram os serviços, reduziram custos e deram mais poder aos utentes. Também temos visto que muitos sugeriram que a ideia dos pagamentos directos seja alargada aos cuidados de saúde: ou seja, oferecer aquilo a que chamaremos "orçamentos dos pacientes". Se um plano como este for desenvolvido no Reino Unido e em todos os outros sítios, como é que funcionaria exactamente? E renderá os mesmos benefícios?

Primeiro, como funcionaria. Um possível paciente visitaria um médico de clínica geral com sintomas de doença ou qualquer outra condição que necessitasse de assistência (como a gravidez). O médico de clínica geral faz um diagnóstico da doença do paciente. Cada diagnóstico terá um orçamento associado, calculado para ser suficiente para pagar o tratamento relevante. Dependendo do diagnóstico, pode ser algo de muito simples: fisioterapia para uma distensão muscular, por exemplo. O tratamento recomendado pode ser a cirurgia electiva, nesse caso o orçamento será a actual "tarifa" ou preço do procedimento em causa. No caso de doenças a longo prazo, o orçamento pode ser o custo de um pacote anual de cuidados previsíveis para essa doença. No caso de situações múltiplas, será a soma dos custos dos pacotes adequados.

O clínico geral ou outros profissionais médicos oferecerão aconselhamento aos pacientes sobre como "gastar" os orçamentos. De facto, em muitos casos, o médico de clínica geral irá indiscutivelmente desempenhar um papel importante no aconselhamento do paciente e a decisão será com efeito tomada em conjunto: aquilo a que no folheto informativo se chama decisão partilhada ou co-tomada de decisões. As únicas decisões que os pacientes terão de tomar será que tratamento querem e que prestador pretendem, de entre todos os tratamentos e prestadores nos limites do orçamento. E, se preferirem, podem simplesmente entregar a responsabilidade toda ao médico de clínica geral: "O doutor decida".

De uma maneira semelhante aos pagamentos directos na assistência social, pode dar-se aos pacientes um orçamento em dinheiro. Estes terão de se responsabilizar por ele, tal como fazem os beneficiários de pagamentos directos na assistência social. Mas, excepto talvez na assistência de longa duração (a ser discutida mais à frente), isto deverá ser um incómodo desnecessário. Para episódios singulares de doença, será suficiente oferecer aos pacientes uma lista de opções de tratamentos e prestadores que se enquadrem nos limites do orçamento. Nestes casos, o paciente não precisa sequer de saber da existência de um orçamento subjacente à lista. A lista incluirá apenas tratamentos que tenham cumprido as directrizes aprovadas para eficácia de custos onde estas estiverem disponíveis; e incluirá apenas prestadores acreditados pelas autoridades competentes.

Quais seriam os benefícios de uma proposta deste tipo? Para o paciente, teria a vantagem de alargar a escolha de prestadores, complementada com o dinheiro que acompanha essa escolha, tal como discutido no capítulo anterior. Os prestadores seriam sujeitos a contestabilidade – não só os prestadores de cirurgia electiva, como acontece nas políticas actuais, mas também os prestadores de todos os serviços onde a ideia fosse aplicada, desde a fisioterapia aos prestadores de cuidados de longa duração. O que lhes daria fortes incentivos para prestar serviços, com uma boa relação custo-benefício, atendendo às necessidades e desejos dos pacientes. Uma vantagem relacionada é que a introdução de orçamentos dos pacientes em determinadas áreas aumentará a capacidade porque cria mercados para serviços como a fisioterapia, muitas vezes artificialmente constrangidos por não serem assistência social e terem uma prioridade baixa na saúde.

Mas a proposta de orçamentos dos pacientes fará mais do que promover a resposta, a eficiência e a capacidade. Todos os dados sobre os pagamentos directos na assistência social e noutros casos sugerem que dar às pessoas maior controlo sobre a sua situação melhora a sua moral e contribui para o seu bem-estar físico e mental. E os orçamentos dos pacientes darão às pessoas esse maior controlo.

Porque os orçamentos dos pacientes não promovem só a escolha do prestador mas também a escolha do tratamento. Veja-se os serviços de saúde mental para a depressão leve ou moderada. Na actualidade, aos pacientes diagnosticados com estas doenças é habitualmente dada uma qualquer forma de tratamento com fármacos. Mas os estudos mostram que muitos preferiam não tomar fármacos e receber antes alguma forma de psicoterapia, como a terapia comportamental cognitiva – tratamento que, diga-se de passagem, se tem revelado pelo menos tão eficaz em termos de custo como as terapias com fármacos (Centre for Economic Performance, 2006). Com o sistema de pagamentos directos, teriam possibilidade de escolher o que preferiam.

Outro exemplo diz respeito aos cuidados paliativos dos moribundos. A maioria das pessoas diagnosticada com uma doença terminal preferia morrer em casa. Porém, só uma em cada cinco o faz realmente. A maioria morre no sítio onde menos deseja: num hospital (Taylor, 2004). E isto esgota recursos hospitalares escassos: por exemplo, em Nine Wells, Dundee, 70 por cento das camas de oncologia estão ocupadas com doentes a receber cuidados paliativos (informação pessoal). Permitir a mais pessoas morrerem em casa resultará em poupanças consideráveis para o SNS: uma estimativa aproximada indica que para o SNS o custo de um paciente a receber cuidados paliativos em casa é de cerca de metade daquele que está no hospital (Taylor, 2004). Como refere Tom Hughes-Hallet, director executivo do Marie Curie Cancer Care: "Está na altura de dar a toda a gente a escolha que todos deveríamos ter sobre onde morrer" (Hughes-Hallet, 2005, p. 30).

Ainda outro exemplo é o dos serviços de maternidade. Os pagamentos directos seriam especialmente adequados nesta área. Seria atribuído um orçamento a cada mãe com base no qual esta poderia escolher ter o parto em casa ou no hospital. De facto, no Reino Unido, as mulheres costumavam ter o direito legal a um serviço de parto em casa. No entanto, parece que já não têm (têm o direito a um parto em casa, mas só terão apoio do SNS se aquele for considerado "clinicamente apropriado"). De facto, apenas 2,2 por cento dos nascimentos em Inglaterra são em casa (na Escócia é apenas um por cento). Parece haver muito pouca informação objectiva sobre as preferências das mulheres do Reino Unido em relação a dar à luz em casa ou no hospital, mas a maioria dos especialistas parece concordar que a procura do parto em casa seria muito superior a dois por cento, se o apoio estivesse prontamente disponível. Além disso, o parto em casa custa menos do que no hospital. Nos Estados Unidos, um parto vaginal sem complicações custa menos 68 por cento em casa do que num hospital (Anderson e Anderson, 1999); no Reino Unido, o National Birthday Trust (1997) chegou a uma conclusão semelhante. Portanto, mais uma vez, oferecer escolha neste caso através da via de pagamentos directos não só daria mais poder aos pacientes como reduziria os custos.

As doenças de longa duração representam uma oportunidade ainda mais interessante. Pacientes com problemas de saúde de longa duração têm o potencial para se tornarem especialistas em gerir as suas situações, por vezes ainda mais do que os profissionais envolvidos. Isto tem sido reconhecido pelo Expert Patient Programme (EPP) do Departamento de Saúde do Reino Unido, que, proporcionando cursos e outras ferramentas pedagógicas, ajuda pacientes na gestão da doença[39]. Uma avaliação preliminar do programa indica que este tem sido bastante bem sucedido (Departamento de Saúde, 2005b). Quatro a seis meses depois de frequentar o curso do EPP, havia uma significativa diminuição estatística no uso pelos participantes de alguns dos serviços de assistência mais utilizados; as consultas de clínica geral diminuíram sete por cento, as consultas de pacientes de ambulatório em dez por cento e as idas às urgências em 16 por cento. Houve também um decréscimo no uso de alguns outros serviços de assistência, como as entradas no hospital e o uso de serviços de reabilitação e terapias complementares, embora estas mudanças não sejam estatisticamente significativas. Outros resultados indicaram um aumento na confiança dos participantes, um aumento no uso de serviços de farmácia e de informação de saúde e a sensação nos participantes de estarem mais bem preparados nas suas consultas com profissionais de saúde.

Como funcionará isto? Para cada paciente, será feita uma avaliação completa das necessidades previsíveis de cuidados de longa duração e as implicações em termos de recursos para, digamos, um ano, serão calculados para determinar o orçamento. Este orçamento será dado aos pacientes em dinheiro, tal como acontece nos pagamentos directos da assistência social, o que lhes permitirá adquirir os cuidados que escolherem. Isto pode envolver a organização da sua própria assistência; ou, se preferirem, a responsabilidade pode ser entregue a um gestor de cuidados médicos (enfermeira, enfermeira de apoio comunitário ou médico de clínica geral) para que sejam eles a geri-la. Os pacientes (ou o gestor de cuidados médicos) terão de se responsabilizar pela maneira como o dinheiro foi gasto.

Deve enfatizar-se que o orçamento está previsto para cobrir apenas cuidados previsíveis e não cuidados de emergência. Portanto se, por exemplo, um paciente com uma doença de longa duração tiver de ir ao hospital devido a um desenvolvimento inesperado da doença, isto não será considerado no orçamento que dispõe para a referida doença.

O pagamento pode ter a forma de um "cartão de crédito" do género daquele que está a ser tido em consideração pelo Macmillan Cancer Relief (mencionado antes), em que uma determinada quantia em dinheiro é colocada num cartão que pode depois ser usado para fazer as aquisições pertinentes. Não só é cómodo para os utentes como proporcionará uma contabilidade simples e indicadores para auditoria.

Uma vantagem adicional é que, para aqueles com direito a assistência social e cuidados de saúde de longa duração, o plano pode realmente ser fundido com o plano de pagamento directo da assistência social. Os pacientes podem ser avaliados pelo conjunto das suas necessidades e não sofrerem das distinções, muitas vezes artificiais, entre assistência social e cuidados de saúde. Tal como para as doenças de longa duração, será uma vantagem para outras áreas em que o limite entre cuidados de saúde e assistência social parece particularmente arbitrário, como os serviços de maternidade.

Os pagamentos directos não só fornecerão incentivos para a melhoria do prestador, como também darão mais poder aos pacientes através do aumento do seu leque de escolha de prestadores e oferecendo-lhe opções de tratamento. Porém, existem várias objecções à ideia que devemos agora considerar.

Objecções

Uma possível dificuldade pode ser descartada com relativa rapidez. Um argumento convencional contra oferecer aos pacientes a escolha de tratamentos é que estes escolherão sempre o mais caro. De facto, nem sempre é assim, sobretudo no que se refere à cirurgia invasiva – embora seja provavelmente mais exacto quanto ao tratamento com medicamentos. Em qualquer dos casos, a ideia dos pagamentos directos – com um menu de escolhas a serem pagas a partir de um orçamento determinado – propicia salvaguardas orçamentais contra este perigo.

Uma objecção mais convincente diz respeito às capacidades e atitudes do paciente. Pode argumentar-se que os pacientes não possuem nem os conhecimentos, nem a competência para tomarem as decisões "certas". Não irão eles fazer exigências insensatas ou irracionais? Além disso, mesmo tendo o conhecimento e a informação correctos, será que as pessoas doentes se encontram realmente numa posição para tomar este tipo de decisões? Mais importante ainda, *quererão* elas tomar essas decisões? O início da doença faz com que muitas pessoas se sintam fracas e vulneráveis; não preferirão elas entregar a responsabilidade por todas as decisões relevantes aos profissionais médicos que, afinal de contas, sabem o que estão a fazer?

A mais abrangente análise do material publicado sobre tomada de decisões de pacientes encontrou resultados ambíguos a partir de estudos sobre preferências de pacientes nesta questão, com alguns a sugerirem que muitos pacientes querem estar envolvidos activamente nas decisões relevantes, enquanto outros (principalmente os mais velhos e com menos habilitações) preferiam não estar. Mas, globalmente, o autor da análise concluiu:

> [Q]uando é dada a oportunidade aos pacientes para fazerem escolhas informadas, normalmente recebem-na com agrado. Exigências insensatas ou irracionais não são tão comuns como muitos clínicos temem. Os pacientes preferem muitas vezes tratamentos mais conservadores e baratos do que os seus médicos têm tendência a recomendar. A tomada de decisões partilhada pode ser uma das melhores maneiras de assegurar uma utilização mais adequada dos recursos dos cuidados de saúde.
>
> COULTER (2002, P. 47)

Além disso, como salientado antes, nada no plano é coercivo. Se os pacientes preferirem deixar as decisões relevantes para o médico, têm total liberdade para o fazer.

Uma potencial dificuldade análoga diz respeito ao racionamento. O orçamento deve mostrar claramente aos pacientes qual o valor disponível exacto para ser gasto no seu tratamento – e qual o valor não disponível. Se isto é uma desvantagem do plano ou, na realidade, um dos seus méritos, é discutível. Pode argumentar-se que ao mostrar abertamente os limites de gastos só se encorajará a insatisfação do paciente, tornando-o mais passível de reivindicar serviços que o sistema não pode pagar. Em alternativa, a própria transparência do esquema pode ser considerada como uma característica desejável. Porque remove o engano que está envolvido em sistemas muito menos abertos – sendo o logro o facto de não existir racionamento – e trata os pacientes como cidadãos responsáveis que estão informados de todas as considerações respeitantes à disponibilidade relativa de cuidados para eles e para os outros.

De facto, os dados respeitantes às perspectivas dos pacientes sobre o racionamento apoiam ambos os pontos de vista. Porque sugere que os pacientes preferem o racionamento explícito; mas tal deve-se, em parte, ao facto de estarem em melhor posição para o evitar, pagando eles próprios serviços suplementares ou protestando (Coast, 2001; Schwappach e Koeck, 2004).

E quanto às atitudes dos prestadores – médicos, enfermeiras e outros que trabalham no sistema de saúde? Como vimos, os pagamentos directos na assistência social no Reino Unido criaram resistência entre os prestadores de cuidados, das autoridades locais aos assistentes sociais. Uma avaliação do programa paciente especialista mostrou relativamente pouco entusiasmo dos médicos pelo plano, uma reacção que, com uma fraseologia prudente, os investigadores atribuem em parte ao "desejo dos profissionais de cuidados primários de serem o centro da assistência às pessoas com doenças de longa duração" (Kennedy *et al.*, 2005, *Executive Summary*, p. 6). Se os profissionais de cuidados primários têm realmente este desejo, então é provável que se sintam ainda mais ameaçados pelo orçamento dos pacientes do que pelo programa paciente especialista, visto que o primeiro transfere ainda mais poder para os pacientes.

Desconfio que alguma resistência deste género será inevitável – especialmente entre os médicos de clínica geral. No entanto, tal pode não ser necessariamente universal, ou mesmo duradouro. Um número crescente de profissionais de cuidados de saúde pode vir a considerar atractiva a ideia de partilhar a responsabilidade implícita no orçamento dos pacientes.

NOVAS IDEIAS

Outro potencial problema diz respeito aos custos de transacção e à disponibilidade dos serviços desejados. Para assegurar que os serviços em questão estão disponíveis no "mercado", poderão ser exigidos alguns custos de instalação (como, por exemplo, a adequada formação dos terapeutas no caso da terapia comportamental cognitiva). Mas, se se pretenderem satisfazer adequadamente as necessidades do paciente, muitas destas coisas têm de ser feitas de qualquer forma. Além disso, tem de haver uma avaliação dos custos de todos os serviços relacionados, para que o seu preço seja colocado no referido orçamento. Todavia, qualquer sistema para alocar eficientemente os recursos precisa de custos adequados de tratamento; e a maioria dos sistemas de saúde já estão a desenvolver mecanismos para o fazer de qualquer forma.

Por último, mas não menos importante, é a questão da ultrapassagem do limite e a da equidade. Permitir a superação do limite do orçamento através de recursos próprios do paciente favorece os mais abastados e viola o princípio dos cuidados de saúde serem prestados apenas com base na necessidade. Na verdade, a questão de ultrapassar o limite não surge realmente na abordagem baseada em listas; a maioria dos pacientes não sabe da existência de limites orçamentais e a sua prática não seria permitida (como no caso actual da cirurgia electiva no Reino Unido). Será mais saliente no caso dos orçamentos para pagar a assistência de longa duração, sobretudo se estiver fundida com os pagamentos directos para assistência social (onde é permitido ultrapassar o limite no Reino Unido). Contudo, mais uma vez, se fosse considerado inconveniente nesta área, não seria permitido para a aquisição de cuidados de saúde, com os procedimentos de contabilidade a funcionarem como dispositivo de monitorização para assegurar que a proibição não é infringida.

Considerações de equidade levantam uma questão que pode muito bem agradar a uma parte diferente do espectro político. Será possível oferecer orçamentos maiores às pessoas de meios mais pobres? Tal pode justificar-se com base em simples razões redistributivas. Ou pode ser defendido por razões de necessidade clínica: devido à nutrição, habitação e condições ambientais mais pobres, os provenientes de zonas desfavorecidas com determinada doença, precisam de maiores cuidados para alcançar a mesma melhoria no estado de saúde que os oriundos de meios mais privilegiados.

A questão de se os pobres devem receber mais cuidados de saúde que os mais ricos com a mesma doença levanta problemas que estão muito para além do aspecto do orçamento dos pacientes. No entanto, vale a pena salientar o argumento neste contexto como exemplo da questão mais geral de que este tipo de ideias, de dar mais poder aos utentes do serviço, pode ser usado para atingir objectivos de centro-esquerda assim como de direita, e que não devem ser, por conseguinte, atribuídas a nenhuma parte específica do espectro político.

Orçamentos dos Pacientes: Que Caminho Seguir?

Os orçamentos dos pacientes nos cuidados de saúde podem dar poder aos pacientes e incentivos aos prestadores médicos para oferecer cuidados de saúde melhores e com maior capacidade de resposta. Podem alargar a escolha do tratamento e do prestador. Podem reduzir custos e melhorar serviços. E, mais importante, podem melhorar a saúde e bem-estar dos pacientes. Não serão adequados para todas as formas de cuidados de saúde, o que é mais evidente nos pacientes gravemente doentes, incapazes de tomar qualquer tipo de decisão por si. Mas para outras doenças, desde que sejam previsíveis e/ou de longa duração, os orçamentos dos pacientes podem ser um caminho a seguir.

O Bónus de Desvantagem

Na nossa discussão sobre educação no capítulo 3, salientámos que o *cream-skimming* – a selecção deliberada das crianças feita pela escola para melhorar o seu desempenho na lista das melhores escolas ou outros indicadores de qualidade – era um problema significativo nessa área para o modelo de escolha e concorrência. Discutimos formas de lidar com isso, incluindo não permitir que as escolas controlem as suas admissões ou obrigá-las a aceitar todos os candidatos. No entanto, cada um destes métodos envolvia restringir de alguma maneira a liberdade de acção das escolas, com os efeitos desmoralizadores que estas restrições trazem sempre e os perigos de encorajar o subterfúgio.

Em vez da restrição, talvez seja melhor usar o poder dos incentivos positivos para combater o *cream-skimming*. Há vários anos propus um plano para fazer precisamente isso: que na altura designei, de forma um pouco desajeitada, como "*voucher* positivamente discriminatório" (VPD) (Le Grand, 1989). James O'Shaughnessy e Charlotte Leslie, do *think tank* Policy Exchange, classificaram uma versão da ideia como um "bónus de vantagem" (O'Shaughnessy e Leslie, 2005). Embora sendo uma clara melhoria em relação ao VPD, não parece muito correcto: "bónus de desvantagem" parece muito mais adequado e portanto vou redesigná-lo desta forma.

De acordo com o esquema do VPD, ou bónus de desvantagem, as escolas que aceitarem crianças de áreas pobres devem receber uma quantia suplementar por criança: um bónus. Isto criará um incentivo positivo para as escolas as aceitarem. As escolas com elevada proporção de crianças de famílias pobres terão então mais recursos em média por aluno do que as de menor proporção. Também terão melhores instalações e equipamento e poderão atrair recursos humanos de alta qualidade. O resultado serão escolas selectivas – em que as especializadas na educação de crianças pobres são mais bem equipadas e têm melhor pessoal do que as especializadas na educação das crianças dos ricos – ou escolas que contenham uma proporção razoável de crianças de todas as partes do espectro social, no caso de os directores das escolas ou do seu pessoal não quererem enveredar por este tipo de especializações. De uma forma ou de outra, o *cream-skimming* que favorecia os mais prósperos será reduzido ou eliminado.

Deve referir-se que esta ideia é diferente de um plano aparentemente similar, em que a fórmula de financiamento para as escolas do Estado em áreas pobres significa que estas escolas recebem automaticamente uma quantia suplementar por criança, além da quantia normal recebida por criança. Porque o "bónus" está geralmente relacionado com a localização da escola e não com o ambiente de onde vem a criança. Por isso, as escolas não têm qualquer incentivo particular para receber crianças de ambientes pobres; por cada criança que aceitem continuam a receber a mesma quantia.

Uma dificuldade do prémio de desvantagem ou VPD é a necessidade de encontrar alguma maneira de identificar as famílias pobres. Isso pode ser feito através de provas de rendimentos, mas estas colocam problemas bem conhecidos, incluindo a complexidade administrativa e os efeitos estigmatizantes. Uma alternativa seria a de, simplesmente, dar *vouchers* maiores às famílias que vivem em áreas mais pobres. Muitos países têm vários métodos de classificação para determinar a riqueza das áreas, incluindo algumas áreas divididas em unidades muito pequenas, como as zonas postais.

Uma exemplo de aplicação seria usando a forma principal de classificação de códigos postais no Reino Unido: "Mosaico". Este classifica os 1,3 milhões de códigos postais em que os correios dividem as moradas residenciais do Reino Unido num conjunto de 61 tipos definidos de bairros residenciais. O objecto da classificação é definir os tipos de bairros residenciais, que são diferentes entre si em termos do género de pessoas que neles vivem, em termos de cultura, experiência partilhada, aspirações, rendimento, características de consumo e nível de necessidade dos serviços públicos e sua utilização. Um trabalho não publicado da Dr. Foster Research indica que a classificação Mosaico é um óptimo instrumento para prever o desempenho educacional e, por conseguinte, a necessidade educacional. Isso pode usar-se depois para calcular a quantia em dinheiro necessária para ajudar crianças de ambientes desfavorecidos e assim determinar a dimensão do bónus de desvantagem.

Variantes desta ideia têm sido propostas. A ideia da Policy Exchange é atribuir financiamento suplementar a um aluno de uma escola sem sucesso no caso de uma nova direcção tomar conta da escola ou se o aluno for para outra escola. O bónus será de 5000 libras (6000 euros) no primeiro ano, diminuindo gradualmente até chegar a zero ao fim de quatro anos. Se algumas escolas estiverem com excesso de inscrições de crianças com bónus de vantagem, só poderão escolher alunos através de sorteio para evitar o *cream-skimming* (O'Shaughnessy e Leslie, 2005).

Samuel Bowles e Herbert Gintis propuseram outra variante (Bowles e Gintis, 1998). Esta tornaria o valor do *voucher* dependente não só do estatuto socioeconómico da família mas, também, da composição socioeconómica da escola. Assim, um *voucher* apresentado por um aluno de baixo rendimento numa escola com predominância de alunos de rendimentos elevados valeria mais, dando um incentivo à escola para atrair este tipo de alunos. Da mesma forma, um *voucher* apresentado por um aluno de rendimento elevado numa escola com alunos de rendimentos predominantemente baixos também valeria mais, dando novamente um incentivo à escola para atrair alunos deste tipo.

David Chater e eu (Chater e Le Grand, 2006) propusemos aplicar a ideia especificamente a crianças à guarda do Estado. Estas crianças são, em muitos aspectos, as mais desfavorecidas de todas em termos de ambiente, um fenómeno que se manifesta, entre muitos indicadores de disfunção, pelos resultados educativos muito pobres. As escolas têm muitas vezes relutância em aceitar estas crianças e/ou manterem--nas depois de admitidas.

A proposta de Chater e Le Grand vai no sentido de juntar um bónus adicional extremamente visível às crianças à guarda do Estado em idade escolar. Este seria pago numa base semestral e controlado por um profissional experiente nomeado, um "pai administrativo", em nome da criança e, quando conveniente, do seu tutor. Um bónus deste género proporcionaria às escolas um incentivo imediato e visível para aceitar crianças à guarda do Estado – e, mais crucial ainda, para as manter na escola. Isto dará também ao profissional experiente maior controlo sobre a educação que cada criança recebe. Finalmente, ao exigir que seja um indivíduo nomeado a controlar o orçamento do bónus, está-se igualmente a atribuir de forma clara, ao pai administrativo, responsabilidades na escolha das escolas, no recurso das decisões negativas e da manutenção do contacto com os professores.

O Consultório de Assistência Social[40]

Tal como salientado antes, a história da assistência social a crianças no Reino Unido é uma história de resultados pobres, sobretudo para as crianças à guarda do Estado. Ainda que, em geral, os assistentes sociais que lidam com crianças à guarda do Estado venham trabalhar com um propósito moral, com idealismo, energia, entusiasmo e empenho em rectificar a injustiça. A persistência dos fracos resultados estatísticos indica que o fracasso acumulado em melhorar significativamente os resultados tem menor probabilidade de ser consequência de fracassos específicos de determinados trabalhadores com uma criança em particular e ser mais consequência de um amplo mal-estar.

O problema fundamental é a falta de continuidade. Na maior parte das áreas, a rotatividade de pessoal é tão rápida que as crianças à guarda do Estado têm sorte se conseguirem manter o mesmo assistente social durante alguns meses – quanto mais os vários anos necessários para construir os níveis indispensáveis de confiança, afecto e preocupação. Além disso, nas hierarquias dos governos locais, há demasiadas pessoas envolvidas na tomada de decisões, a maioria delas não conhece pessoalmente a criança e depende das descrições de outros ou de relatórios escritos. À assistente social é confiada depois a tarefa de transmitir e descrever decisões, com que pessoalmente pode nem estar de acordo, a uma criança. Em consequência disso, falta a autoridade efectiva e o sentido de responsabilidade.

Os assistentes sociais precisam de ter autoridade para tomar decisões e vê-las implementadas. Isto significa dar-lhes a capacidade para garantir, em nome de uma criança à guarda do Estado, saúde e educação de alta qualidade, contacto regular com a família e colegas (se for conveniente) e escolha de colocação adequada. Em resumo, precisam de ser "pais" atenciosos e responsáveis.

Então como se pode conseguir isto? Uma ideia envolve a criação de consultórios de assistência social ou sociedades semelhantes às dos consultórios médicos ou dos escritórios de advogados. Um grupo, talvez, de oito a dez profissionais (assistentes sociais e trabalhadores comunitários) que prestariam serviços próprios e estariam encarregados, por contrato com o governo local, de controlar um orçamento. O orçamento estaria baseado na capitação, com uma quantia fixa por cada criança na lista do consultório. Este orçamento poderá ser gasto para assegurar que se satisfazem as necessidades da criança à guarda do Estado. Necessidades que podem incluir as normais oportunidades de desenvolvimento, a vigilância e tratamento médico, apoio educativo adicional, terapia psicológica, contacto adequado com os pais, irmãos e família alargada. Tudo isto seria organizado e prestado pelos próprios profissionais do consultório às crianças nas suas listas ou gastando parte do orçamento na contratação dos cuidados especializados necessários em agências prestadoras desses cuidados.

A quantidade de casos tratados por cada trabalhador no consultório teria de ser suficientemente pequena para lhe assegurar o tempo suficiente para desenvolver uma relação de confiança e segurança com a criança, capaz de garantir a sua compreensão adequada das necessidades da criança e permitir que esta se envolva completamente em todas as dimensões da estrutura de avaliação.

O consultório ou a sociedade de assistência social pode ser organizado como uma iniciativa sem fins lucrativos ou como uma sociedade profissional (como acontece com os médicos de clínica geral no SNS britânico). Os assistentes sociais, sócios nestas organizações, estarão a investir o seu tempo e recursos pessoais na comunidade local e nas próprias crianças à guarda do Estado. Tal como nos consultórios médicos ou legais equivalentes, os sócios terão diferentes capacidades e experiências. O importante é a criação de uma equipa mutuamente dependente em que se pode dar aos jovens a seu cuidado a possibilidade de escolher o assistente social, uma escolha que será feita sabendo que o assistente social escolhido se compromete a longo prazo, não só pelo compromisso com o jovem mas pelo compromisso do assistente com o consultório de que é membro.

Esta proposta tem diversas vantagens. A mais importante delas é que encoraja a continuidade da assistência. Por serem os "proprietários" da empresa, por terem uma parte dos seus activos e muito maiores poderes e responsabilidades dentro dela, os assistentes sociais terão um forte incentivo para permanecerem na área e, portanto, com as crianças e famílias dos seus clientes. Isto contrasta com a prática actual, sobretudo nas zonas urbanas, em que os assistentes sociais vão mudando de uma autoridade local para outra (ou acabam por sair da assistência social), consoante procuram melhorar a sua remuneração e satisfação no trabalho. Estas mudanças de emprego têm um efeito prejudicial nas crianças à guarda do Estado, pois têm de investir um determinado nível de confiança no assistente social, que vêem como o principal responsável pela tomada de decisões nas suas vidas. Estes jovens já tiveram de lidar com a perda de outros adultos importantes nas suas vidas. Precisamos de tentar assegurar que o Estado não intensifica os potenciais problemas de inserção dos jovens devido à sua inércia em tratar a questão da rotatividade dos assistentes sociais.

Adicionalmente, os sócios terão ainda um forte incentivo para efectuar um trabalho tão eficaz e eficiente quanto possível, pois dessa maneira poderão gerar um excedente no seu orçamento que podem gastar neles próprios, na melhoria das instalações ou na contratação de mais pessoal. E o maior poder envolvido na ideia do consultório tornará, a longo prazo, a assistência social numa carreira mais atractiva e poderá inverter o declínio que há muito perdura nesta profissão.

Com o consultório de assistência social, todas as fontes de financiamento serão fundidas num único orçamento. Os membros do consultório serão responsáveis pela totalidade do pacote de prestação de assistência aos seus clientes. Sendo relativamente pequeno, os seus membros conhecerão pessoalmente os clientes e manterão com eles um contacto a longo prazo. Estarão afastados dos interesses dos prestadores especializados e, como tal, menos sujeitos à pressão dos prestadores. E terão um incentivo para prestar cuidados preventivos e economizar no tratamento.

Num mundo de consultórios de assistência social, os governos locais continuariam a ter um papel importante. Teriam de especificar os orçamentos para os consultórios. E teriam de monitorizar a qualidade do serviço prestado. Mas essa monitorização seria feita em relação aos resultados do processo: o bem-estar das crianças à guarda do Estado. Um contraste profundo em relação ao sistema actual, onde a microgestão através das hierarquias burocráticas não só dispersa a responsabilidade como desmotiva os assistentes da linha da frente.

Esta ideia foi adoptada pelo governo britânico num recente livro verde sobre crianças à guarda do Estado (Department for Education and Skills, 2006a). Mas existem muitas questões que precisam de ser resolvidas antes de uma ideia como esta se tornar uma medida política a tomar num futuro próximo. Em particular, são cruciais as questões de imputabilidade legal das crianças colocadas sob assistência e de como serão divididas responsabilidades entre a autoridade local e o consultório. Contudo, se estas preocupações puderem ser resolvidas, a ideia tem grande potencial. Na qualidade de profissionais a quem se confia um orçamento, os assistentes sociais envolvidos nos consultórios de assistência social sentir-se-ão estimulados e com poder para tomar decisões. Prestarão um serviço mais eficaz e eficiente. Mas, acima de tudo, propiciarão às crianças à guarda do Estado um ambiente afectuoso muito superior àquele oferecido ao abrigo do actual sistema. Como resultado haveria crianças mais felizes, a crescer de modo a tornarem-se adultos mais seguros e confiantes – e assistentes sociais mais realizados.

Conclusão

Todas as ideias discutidas neste capítulo estão num estado de desenvolvimento relativamente precoce. No entanto, a intenção não foi apresentar políticas completamente consolidadas neste momento, mas indicar como algumas das ideias mais gerais deste livro relativas à escolha e concorrência podem converter-se em propostas políticas específicas. Espero que tenha sido dito o suficiente para mostrar o seu potencial.

CAPÍTULO 6

As políticas de escolha

AS POLÍTICAS DE ESCOLHA E CONCORRÊNCIA NO SERVIÇO público são complexas. Os assuntos envolvidos não encaixam harmoniosamente no domínio da esquerda ou direita, da social-democracia, do socialismo, do conservadorismo ou do liberalismo. Pelo contrário, em qualquer um dos partidos políticos há, geralmente, divisões em relação a estas políticas, com grupos influentes dentro de cada formação a puxar em direcções opostas. Mesmo os directamente envolvidos, incluindo os prestadores e os utentes, são muitas vezes vagos em relação aos argumentos em questão e, em consequência disso, sobre aquilo que defendem no que toca a este assunto.

Neste capítulo analiso algumas destas tensões. Tenho em consideração dois tipos de grupos de interesses: ideológicos e funcionais. Os grupos ideológicos são a esquerda social-democrata e os conservadores de direita.[41] Os grupos funcionais também podem ser divididos em dois: aqueles que trabalham no sector público, os prestadores, e aqueles que beneficiam dele, utentes ou potenciais utentes.

Logicamente, estes grupos não são mutuamente exclusivos. Muitos dos que trabalham no sector público também o usam, seja como pais de crianças em escolas públicas ou como pacientes em serviços de saúde financiados publicamente. Podem encontrar-se a trabalhar no sector público tanto sociais-democratas como conservadores (embora, mais dos primeiros que dos segundos); e, naturalmente, muitos também os usarão (embora, outra vez, mais dos primeiros que dos segundos). Mesmo a divisão política entre sociais-democratas e conservadores pode ser cruzada, como, na verdade, espero demonstrar a seguir. Não obstante, vale a pena distinguir entre os grupos, porque têm realmente interesses e preocupações diferentes; e os indivíduos que articulam publicamente essas preocupações na esfera política comportar-se-ão de forma diferente, de acordo com o papel com que se identificam na altura.

A maior parte das tensões políticas em redor destes assuntos centra-se nos méritos e deméritos comparativos dos quatro modelos de prestação de serviço público que temos vindo a considerar neste livro, pelo que será melhor recordá-los ao leitor. O primeiro é o *modelo da confiança*, onde se confia que os profissionais e os gestores sabem o que é melhor para os seus utentes e para prestar serviços de alta qualidade sem interferência do governo ou de qualquer outra fonte. A seguir existe o oposto da confiança: a versão do comando e controlo que designamos como *modelo de objectivos*, onde a administração central estabelece objectivos para os prestadores e os recompensa quando logram cumpri-los e penaliza-os quando falham. O terceiro é o *modelo de voz*, onde os utentes expressam a sua insatisfação (ou satisfação) directamente aos prestadores através de conversas presenciais ou através de reclamações apresentadas a gestores de topo ou representantes eleitos. E, finalmente, encontramos, como é natural, o *modelo de escolha e concorrência*, onde utentes financiados pelos impostos escolhem serviços oferecidos por prestadores concorrentes.

A Esquerda Social-Democrata

Muitos sociais-democratas são instintivamente hostis em relação à escolha e concorrência nos serviços públicos. Isso deve-se, em parte, ao facto de a escolha e concorrência estar associada ao mercado e, para eles, o mercado quase só tem conotações negativas[42]. Para os sociais-democratas empenhados, um mundo orientado para o mercado é aquele onde capitalistas indiferentes exploram os consumidores vulneráveis, persuadindo-os a comprar trivialidades à custa das coisas da vida que realmente valem a pena. Não só isso, mas a concorrência entre as empresas faz descer os salários e agrava as condições dos trabalhadores, ao mesmo tempo que os encoraja a gastar os seus magros ordenados em produtos de baixa qualidade com grandes margens de lucro. Os sociais-democratas temem que estas consequências do funcionamento dos mercados reais sejam reproduzidas no quase-mercado do serviço público, com os pacientes enfermos nos hospitais e as crianças vulneráveis na escola deixadas à mercê das implacáveis empresas privadas – muitas delas são essa personificação moderna do mal, a grande empresa norte-americana (Pollock, 2005).

Na verdade, dos quatro modelos de prestação de serviço público discutidos em capítulos anteriores, o instinto da maior parte dos social-democratas seria o de gerir com o modelo de "confiança". Isto é, prefeririam que se confiasse nos profissionais e nos outros que trabalham nos serviços públicos para prestarem o serviço sem interferências do governo ou de qualquer outro. Esta preferência surge, em parte, porque muitos sociais-democratas trabalham realmente no sector público; e, previsivelmente, como vamos ver, esse é o modelo preferido pelos profissionais e outros trabalhadores do sector público. Mas também deriva de preocupações menos egoístas: a da crença generalizada da prevalência e vantagem das motivações "cavalheirescas" ou daquilo que podemos designar mais livremente como o espírito do serviço público (Le Grand, 2003).

Mais precisamente, o pensamento de muitos sociais-democratas está baseado em grande parte no pressuposto de que aqueles que trabalham no sector público são cavaleiros ou altruístas quase perfeitos, cuja principal preocupação é o bem-estar daqueles que se presume servirem e não são significativamente influenciados pelas suas preocupações pessoais – como os canalhas seriam (Le Grand, 2003). Num mundo assim, pode confiar-se nos profissionais do sector público para levar a cabo o seu trabalho; não é preciso dizer-lhes o que é preciso fazer, nem incentivá-los de outras formas para que prestem um bom serviço. Aliás, fornecer incentivos pode ser contraproducente: tratar os servidores públicos cavaleiros como canalhas pode transformá-los realmente em canalhas.

Hoje, os sociais-democratas esclarecidos reconhecem que há alturas em que até os profissionais cavalheiros podem errar, que alguns cavaleiros podem, na verdade, ser canalhas e que os utentes não ficam sempre satisfeitos com o serviço que recebem. Por conseguinte, necessitam de um segundo modelo para suplementar o modelo da confiança quando este dá para o torto. Porém, o segundo modelo que considerámos antes – a gestão de objectivos e desempenho – em geral, não os atrai[43]. Não gostam das distorções criadas pelos objectivos e desdenham o autoritarismo implícito na gestão do desempenho, porque, entre outras coisas, desmoraliza os cavaleiros.

Dentre os nossos modelos, isto deixa-nos apenas a voz e a escolha. E aqui os sociais-democratas preferem a voz à escolha. Em parte, mais uma vez, porque acreditam na essência cavalheira dos prestadores de serviço público: a todos esses médicos, enfermeiros, professores basta dizer que algo não está muito bem para eles o corrigirem de boa vontade. Porém, a preferência dos sociais-democratas pela voz também pode derivar de preocupações mais egoístas. Muitos sociais-democratas são de classe média; e, como vimos com algum detalhe em capítulos anteriores, as classes médias são boas a utilizar os mecanismos de voz para conseguirem aquilo que querem. Além disso, as classes médias já têm escolhas. Se estiverem insatisfeitas com o serviço que recebem do sector público, podem mudar de casa ou podem ir para o privado.

De facto, aqui reside uma das principais dificuldades para a posição social-democrata. Porque os modelos preferidos, especialmente a voz, podem violar um princípio fundamental da social-democracia: a da promoção da justiça social ou da equidade. A maioria dos sociais-democratas tem um compromisso com serviços públicos de alta qualidade prestados equitativamente – especialmente para os mais desfavorecidos. Mas isto entra em conflito com as suas preferências em matéria de modelos. Porque, como já demonstrámos, existe uma tese respeitável que defende que a voz não proporciona equidade, especialmente quando existe uma oportunidade para recorrer ao privado. Enquanto que a escolha e concorrência dentro do sector público pode promover a equidade – desde que as políticas sejam planeadas adequadamente.

Em consequência disso, e para resumir, a hostilidade social-democrata para com a escolha e concorrência é inapropriada. Os modelos que a social-democracia prefere (confiança e voz) geralmente não prestam serviços de alta qualidade, com capacidade de resposta e eficientes; e normalmente não proporcionam serviços equitativos. O modelo da escolha e concorrência pode, assim, ser reconciliado com os ideais sociais-democratas no sentido em que pode proporcionar todas estas dimensões – desde que as referidas políticas sejam planeadas adequadamente.

A Direita Conservadora

Fundamentalmente, a direita conservadora tem mais probabilidade de preferir o modelo de escolha e concorrência em relação aos outros modelos de prestação de serviços públicos. Na verdade, muitos dos mecanismos para a escolha e concorrência que discutimos em capítulos anteriores foram introduzidos na saúde e na educação britânicas pelos governos conservadores de Margaret Thatcher e John Major[44].

Este empenho no modelo de escolha e concorrência surge em parte porque, como defendi noutro lado, a direita tem convicções sobre a motivação daqueles que trabalham no sector público que estão no pólo oposto das convicções dos sociais-democratas (Le Grand, 2003, capítulo 1). Assumem que os profissionais e outros trabalhadores do sector público não são perfeitos cavalheiros, cuja única preocupação é o bem-estar de outros, mas canalhas: egoístas, focados antes de mais nos seus próprios interesses. Nesse mundo, para servir o bem público, é preciso proporcionar-lhes incentivos que apelem aos seus interesses. Pela mão invisível de Adam Smith, os mercados são a melhor forma de proporcionar esses incentivos ou, de uma forma mais geral, a melhor forma de levar o interesse pessoal a cumprir o interesse público. Portanto, qualquer modelo de prestação de serviço público que incorpore elementos do mercado, como a escolha do utente e a concorrência entre prestadores de serviço, será provavelmente superior aos modelos que o não fazem.

No entanto, mesmo o seu apoio ao funcionamento da escolha e concorrência dentro do quase-mercado do sector público é provável que seja tudo menos sincero. Pois colocarão sempre a mesma questão: porque é que o mercado é "quase"? Porque não ir para um mercado total? Se o objectivo é dar mais poderes aos utentes, então porque não deixá-los usar o seu dinheiro para decidir quanto querem comprar de educação e saúde? Porque é que esse poder lhes tem de ser retirado pelo Estado através de impostos coercivos?

Todavia, esta posição também é problemática. Se as pessoas podem usar o seu dinheiro, então os mais abastados comprarão mais cuidados de saúde para si e para as suas famílias e melhor educação para os seus filhos que os mais desfavorecidos. Isto cria desconforto mesmo entre aqueles que propõem uma filosofia de direita. Muitas (embora não todas) das doenças derivam, em grande parte, de factores que estão para lá do controlo dos indivíduos; devem os pobres ser penalizados por isso de uma forma que os mais ricos não são? As crianças não são responsáveis pela riqueza dos seus pais ou a falta dela: devem sofrer porque os seus pais não possuem os meios para lhes adquirir uma boa educação? Um libertário fervoroso poderia superar esta objecção argumentando que a precedência da liberdade está acima de qualquer outra consideração e a tributação coerciva não pode ser justificada mesmo com fins desejáveis, como seja o de tratar aqueles que não têm culpa de estar doentes ou a promoção da igualdade de oportunidades para todas as crianças no acesso à educação. Mas poucos conservadores são tão obstinados na sua procura da liberdade; e mantém-se a tensão entre o seu desejo de uma intervenção mínima do Estado e a prestação de serviços públicos equitativos.

Prestadores

Em Abril de 2006, a secretária de Estado da Saúde britânica, Patricia Hewitt, teve de interromper o discurso que estava a fazer no congresso anual do Royal College of Nursing por causa dos protestos e do lento bater de palmas da audiência. O discurso terminou em confusão, com o presidente da mesa a ter de o interromper. O evento foi descrito no dia seguinte como tendo feito parte do pior dia do governo de que Hewitt fazia parte.

O grau de hostilidade evidenciado no comportamento da audiência era enigmático. Porque, aparentemente, a enfermagem estava tão saudável como nunca antes na história britânica. Os seus números haviam subido substancialmente desde que o governo chegara ao poder: mais 85 mil desde 1997. O ordenado das novas enfermeiras tinha subido 25 por cento em termos reais; o salário médio em dinheiro das enfermeiras subira à volta de 50 por cento. Havia sido introduzido o posto de consultora de enfermagem e as promovidas a esse posto podiam ganhar duas vezes mais do que a média.

Então porquê tanta confusão? Em parte, devia-se ao facto de naquela altura se acumularem as histórias de défices nos hospitais e de perdas de emprego. Mas, mesmo isto, não explica realmente a hostilidade. Os défices eram triviais: menos de um por cento do total de gastos do SNS e o tipo de soma que se perde na estática contabilística de uma grande empresa. Além disso, quando contraposto com o facto de se ter gasto de menos em termos de capital, o SNS, no seu todo, apresentava na verdade um excedente. As "perdas" de emprego também eram diminutas em relação à força de trabalho de 1,3 milhões de pessoas do SNS. E maioria nem sequer eram verdadeiras perdas. Deviam-se antes a decisões de congelar o recrutamento para postos por preencher e de não aceitar mais pessoas com contratos a prazo.

De facto, o ressentimento tinha várias fontes. Em parte, era o processo de reforma. Muitos sentiam, certa ou erradamente, que não tinham sido consultados sobre as reformas que o governo estava a introduzir, enquanto aqueles que tinham sido consultados sentiam que as suas posições não tinham sido levadas em linha de conta. Também tinha a ver com o simples ritmo da mudança. As reformas incluíam o alargamento da escolha do paciente à cirurgia electiva, um novo sistema de pagamento para os hospitais, novas formas de prestadores, incluindo os *"foundation" trusts* e os centros independentes de diagnóstico e tratamento, um programa massivo de TI e uma reorganização institucional inoportuna. Tudo isto se passou mais ou menos simultaneamente e colocou uma pressão intolerável em muitas pessoas do SNS.

Todavia, os ressentimentos reflectiam, igualmente, um desconforto generalizado em relação ao sentido da reforma. Os profissionais médicos são educados a acreditar que têm direito a uma considerável autonomia, não só em matéria clínica, mas também em matéria organizativa. Os clínicos da especialidade estão habituados a gerir os seus próprios impérios dentro dos hospitais. Os clínicos gerais (pelo menos na Grã-Bretanha) são homens de negócio independentes, controlando as suas pequenas empresas. Até as enfermeiras, embora menos pode-rosas que os médicos, possuem as suas áreas de poder e controlo, especialmente no que diz respeito às enfermarias dos hospitais.

Porém, muita desta autonomia tem vindo a ser gradualmente erodida – pelo menos na Inglaterra. Os gestores dos hospitais tornaram-se mais poderosos (embora ainda tenham um longo caminho a percorrer antes de passarem a gerir de facto as consultas). A imposição da gestão de objectivos e de avaliação de desempenho vinda de cima forçou os gestores e os profissionais a confinar as suas actividades àquilo que o governo queria, limitando severamente a sua liberdade de acção em outras áreas. Mesmo em áreas clínicas, as prerrogativas dos médicos foram sendo circunscritas pelo desenvolvimento das directrizes governamentais sobre que tratamentos podem assegurar e que medicamentos podem prescrever.

Os objectivos estão a passar de moda no Reino Unido. Mas os profissionais enfrentam aquilo que vêem como mais uma grande ameaça ao seu poder e autonomia: o quase-mercado dos cuidados secundários (e cada vez mais nos primários também) que o governo está a instalar em grande parte como substituto da avaliação de desempenho. O alargamento da escolha do paciente e a maior concorrência dos *foundation trusts* e dos contratos com o sector privado e a introdução de novos prestadores de serviços de clínica geral, significa que, se as organizações querem prosperar, tem de haver mudanças significativas, tanto no comportamento clínico como organizativo. A disciplina do mercado está a substituir a disciplina dos objectivos.

No entanto, do ponto de vista dos profissionais médicos e, na verdade, do pessoal do SNS no seu todo, esta mudança do objectivo para o mercado deve resultar numa melhoria. Como vimos em capítulos anteriores, um regime de comando e controlo, onde objectivos exigentes são combinados com uma gestão de desempenho forte, de cima para baixo, é desmotivadora e desmoralizante. Oferece menos liberdade de acção do que operar como agente autónomo num contexto de mercado: muito menos margem para a iniciativa e muito mais para fazer aquilo que outros dizem.

O lado negativo, logicamente, é que com maior liberdade poderá vir menor segurança. No entanto, não se deve exagerar tal perigo. As pessoas perdem os seus empregos nos sistemas de comando e controlo, frequentemente com menos oportunidades de conseguir novo trabalho do que as que são oferecidas pelo mercado. Mais: num mundo com falta de médicos e enfermeiras, é muito improvável que qualquer profissional médico fique muito tempo desempregado no caso de encerramento do seu hospital ou consultório.

De uma maneira geral, dentre todos os nossos modelos, o modelo da confiança é, obviamente, o preferido dos gestores e profissionais do sector público. Nenhum profissional gosta que lhe digam o que fazer – pelo governo ou pelos utentes. Porém, se o modelo da confiança não existir como opção, parece razoável pressupor que os profissionais preferirão de longe trabalhar num contexto de quase-mercado do que sob a influência permanente e indesejável do comando e controlo. Se calhar, quando as enfermeiras do SNS experimentarem a grande liberdade do mercado (que, na altura em que escrevo, muitas ainda não fizeram), acabarão por concordar.

Utentes

O capítulo 2 examinava com algum detalhe as perspectivas dos utentes em relação à escolha e há pouco a acrescentar em relação a isso. Como vimos então, a maioria dos utentes parece preferir a escolha nos serviços públicos – especialmente, e talvez de forma surpreendente, os menos poderosos ou mais desfavorecidos. No entanto, aqueles que declaram representar os utentes nem sempre concordam. A British Consumers' Association, por exemplo, parece opor-se ao alargamento da escolha no sector público. O seu relatório sobre a escolha a que nos referimos num capítulo anterior é quase incessantemente hostil para com a ideia, concentrando-se em detalhar os problemas com a escolha e concorrência e expressando cepticismo de que maior escolha possa trazer os benefícios que os seus defensores advogam (*Which?*, 2005). Tal é ligeiramente incompreensível, porém, talvez possa ser explicado pelo facto de a maior parte das organizações de consumidores serem decididamente de classe média e de que tanto os seus autores como os seus leitores já conseguirem aquilo que querem do sector público sem precisarem de qualquer alargamento da escolha aos menos afortunados.

É comum que os interesses dos utentes, especialmente daqueles de ambientes mais desfavorecidos, se percam no calor do debate político. Tal é indesejável, não só a partir da perspectiva da sociedade em geral, como também da perspectiva do sistema político. Porque um serviço público é planeado para prestar um bom serviço ao público e, no final de contas, só o público pode decidir se é bem sucedido a fazê-lo.

Conclusão

Apesar da sua popularidade entre os utentes (ou pelo menos entre alguns dos que falam em nome dos utentes), as políticas planeadas para introduzir a escolha do utente e a concorrência entre prestadores têm relativamente poucos adeptos no mundo político. A esquerda social-democrata desdenha-as instintivamente. Os mais conservadores ou os liberais de direita continuam a pensar que fazem parte do aparato do grande governo e do Estado paternalista que detestam. Os prestadores odeiam a perda de poder implícita na escolha por parte do utente e a insegurança associada à concorrência.

No entanto, as mesmas oferecem benefícios para todos estes grupos. Planeadas adequadamente, as referidas políticas podem cumprir os propósitos da social-democracia, como os da equidade e da justiça social, e podem fazê-lo melhor do que as alternativas, como a voz. Podem prestar serviços sociais eficientes e não paternalistas, desta forma evitando as críticas ao desperdício governamental e ao excesso

de dirigismo que caracteriza as críticas dos conservadores ao Estado-
-providência. Em sistemas de quase-mercado, os prestadores têm liberdade para actuar e inovar de uma forma que os outros modelos não permitem, especialmente os modelos que envolvem gestão de objectivos e avaliação de desempenho. E através do alargamento da escolha aos utentes podem prestar um serviço de maior qualidade, com melhor capacidade de resposta do que os outros modelos.

E é na comparação com os modelos alternativos que está a essência do argumento político. A tarefa para os governos empenhados nas políticas de escolha e concorrência, e a tarefa para aqueles que os aconselham, é usar a teoria e a informação disponível para demonstrar, a todos os grupos de interesse envolvidos, não que estas políticas prestam serviços perfeitos, mas que irão propiciar um serviço de maior qualidade, com maior capacidade de resposta, mais eficiente e mais equitativo do que as alternativas. Esperamos que este livro possa contribuir para demonstrar isso mesmo.

Posfácios

Uma Perspectiva Americana

Por Alain Enthoven[45]

Para além de partilharem uma língua comum, a democracia e o Estado de direito, os povos americano e britânico também partilham a frustração em relação ao desempenho dos seus serviços públicos, particularmente o ensino básico e secundário e os cuidados de saúde. Os problemas nos cuidados de saúde são, de certa forma, diferentes nos dois lados do Atlântico. Os gastos americanos no Medicare e Medicaid estão a ficar descontrolados, enquanto o SNS britânico tem gasto com muito melhor controlo. Mas as pessoas nos dois países têm boas razões para estarem preocupadas com a qualidade dos serviços de saúde, assim como com a responsabilização e a capacidade de resposta. Temos problemas semelhantes na educação: demasiadas crianças deixam a escola sem as habilitações necessárias para funcionar efectivamente na economia global do século XXI.

Um importante inquérito de opinião realizado no Reino Unido perguntava às pessoas quais as palavras que pensavam aplicar-se aos actuais serviços públicos britânicos. Os inquiridos disseram com frequência "burocrático", "exasperante", "impessoal", "trabalhador", "indiferente" e "irresponsável". Menos frequentemente, disseram "amigável", "eficiente", "honesto e aberto". Não ficaria surpreendido se visse sobre um resultado semelhante nos Estados Unidos. De facto, as batalhas diárias sobre a escolha de escolas e a legislação do *No Child Left Behind Act* na América atestam o facto de a maioria dos americanos acreditar que as escolas não estão a produzir os resultados que deviam.

Julian Le Grand, um eminente economista britânico, professor na London School of Economics e, a determinada altura, conselheiro do primeiro-ministro Tony Blair, escreveu uma análise das várias formas de controlo social que podem ser usadas para obter melhores desempenhos nos serviços públicos. Tem como meta alcançar melhor qualidade, eficiência ou melhor valor pelo dinheiro, capacidade de resposta, responsabilização e equidade. Entre os métodos indicados encontram-se os seguintes.

- Confiar que os profissionais (médicos, enfermeiras, professores) ajam para atingir essas metas.
- Aquilo a que os americanos provavelmente chamarão "comando e controlo de cima para baixo" e os britânicos é mais provável que chamem "gestão de objectivos e avaliação de desempenho".
- Aquilo a que Hirschman chamou "voz", isto é, tentativas para mudar um estado de coisas insatisfatório através da organização e da participação em concentrações de protesto e mobilizando a opinião pública.
- Escolha e concorrência, isto é, dar escolhas aos consumidores ou pacientes e com isso dar aos prestadores incentivos para satisfazer os consumidores.

A análise de Le Grand explica as considerações que conduziram o primeiro-ministro Tony Blair a responder ao crescimento da insatisfação com os serviços públicos, levando o Partido Trabalhista, tradicionalmente orientado para o "comando e controlo", a uma menor ênfase na avaliação de desempenho ou gestão de objectivos e uma maior ênfase na escolha do consumidor e na concorrência. Defende, de forma persuasiva, que os sistemas sem escolha favorecem os mais abastados. Por exemplo, "geralmente, os pacientes e os pais da classe média são mais eloquentes, mais confiantes e mais persistentes do que os seus pares mais pobres." Por outro lado, as escolas e as clínicas concorrerão activamente para servir e satisfazer as pessoas pobres se o governo as armar com o poder de compra indispensável.

A análise de Le Grand deve ser de grande interesse para os leitores americanos porque nós, na América, estamos a enfrentar assuntos de política pública de grande dimensão em que estas questões são centrais. Por exemplo, os republicanos e os democratas centristas defendem a escolha de escolas, enquanto os democratas mais liberais (no sentido americano do termo) se lhe opõem, preferindo apostar na confiança e na voz. Os sindicatos dos professores são, em grande maioria, apoiantes do Partido Democrata e os professores, compreensivelmente, preferem de forma veemente o modelo da confiança. Le Grand examina o exemplo americano com a escolha de escolas em Milwaukee e na Florida, assim como estudos sobre a experiência da escolha nas escolas realizados pela economista de Harvard, Caroline Hoxby.

O Medicare, o programa de seguro de saúde para os idosos e os deficientes do governo federal dos EUA, está a seguir uma trajectória que o tornará insustentável, por isso, será inevitável uma reforma profunda. O Medicare baseia-se no modelo da confiança, mas com um sistema de taxa de pagamento por serviço que inclui fortes incentivos para os médicos fazerem mais quando menos produziria o mesmo resultado para a saúde. Tem-se tornado cada vez mais claro que o Medicare paga mais por maus médicos do que por bons, porque se os erros dos médicos causam complicações, ou se não conseguem diagnosticar e prescrever correctamente, a Medicare paga-lhes para resolverem os problemas que criaram. Os republicanos e os democratas centristas são, geralmente, favoráveis a soluções que aumentem a escolha e a concorrência. A sua ideia é deixar que surjam alternativas a este sistema de pagamento imperfeito e que evoluam ao ponto de substituir o serviço de taxa de pagamento por serviço. Os consumidores que querem valorizar o seu dinheiro vão escolhê-los. Outros democratas mais tradicionais preferem soluções que dependam mais da acção colectiva e das escolhas ditadas pelo governo. Por exemplo, o Congresso, quando estava sob controlo dos republicanos, decretou um modelo de cobertura para a prescrição de medicamentos para os beneficiários do Medicare que depende da concorrência no sector privado. A liderança democrata prefere um modelo em que o governo negoceia os preços com as empresas farmacêuticas. A sua lógica acabará, eventualmente, por levar ao fim do modelo da escolha e concorrência nos medicamentos da Medicare.

As propostas de "pagamento único" (isto é, os sistemas de pagamento semelhantes ao modelo canadiano e ao Medicare americano), muitas vezes preferidas pela esquerda na política americana, dependem essencialmente da taxa de serviço com os seus incentivos ao aumento dos gastos, produzindo assim um resultado financeiramente insustentável que forçará a criação de mais e mais "comando e controlo" do governo, como os controlos na construção de instalações, consultórios médicos e, finalmente, "orçamentos globais" nos hospitais. A experiência canadiana e britânica com os orçamentos globais não é positiva. Nesse modelo, não há incentivo a melhorar a eficiência e a tratar mais pacientes, com o resultado inevitável do aumento das listas de espera. Portanto, o governo de Blair está a movimentar-se no sentido de uma maior concorrência e escolha para motivar uma melhoria na eficiência.

Algumas pessoas têm uma ideia excessivamente simplista do que é a concorrência. Por isso, Le Grand explica algumas das condições que devem ser cumpridas para a "concorrência" produzir os incentivos e as melhorias desejados. Em primeiro lugar, a concorrência deve ser real. Ou seja, é preciso haver concorrentes reais e potenciais. Mas isso não é suficiente para que haja escolha. Como diz a frase famosa de Margaret Thatcher, ao introduzir o modelo do "mercado interno" no SNS, "o dinheiro segue os pacientes". Escolas e hospitais que atraem mais alunos e pacientes devem, igualmente, receber mais recursos para cuidar deles. As alternativas devem estar acessíveis, o que poderá implicar, no contexto britânico, proporcionar transporte a pacientes de baixos rendimentos e às suas famílias se quiserem deslocar-se a um hospital mais distante para um cuidado melhor ou mais conveniente. E a escolha deve ser informada por indicadores da qualidade dos serviços. O *Patient Care Advisor* (PCA) testado no Reino Unido pode dar uma ajuda. E deve evitar-se o *cream-skimming*. Por exemplo, os seguros de saúde americanos concorrem para atrair pacientes saudáveis menos propensos a necessitar de cuidados médicos e evitar pacientes com probabilidade de deles precisarem. As escolas podem aliviar a sua carga de trabalho e divulgar melhores resultados atraindo estudantes mais talentosos e mais bem preparados. Le Grand descreve várias formas de gerir este problema, incluindo um sistema de tarifas ajustável ao risco, de modo a que os pacientes ou estudantes de alto risco tenham associada uma tarifa maior, paga pelo governo. Os holandeses, que usam isto no seu sistema de seguros de saúde, chamam-lhe "equalização do risco".

O livro está escrito num estilo claro e acessível, destinado ao leitor de interesse geral e não apenas a economistas. É uma história muito interessante, o como e o porquê do Partido Trabalhista, orientado para o "comando e controlo", ter escolhido transitar para os modelos de escolha do consumidor e de concorrência. Espero que mais democratas na América leiam este livro e se movimentem para visões semelhantes. Os republicanos que preferem a escolha e concorrência recebem uma ajuda para explicar e defender a sua posição.

Uma Perspectiva Céptica

Por David Lipsey[46]

Como político que se tornou jornalista e voltou a ser político, estou treinado para a controvérsia. O meu primeiro instinto é avançar directamente para a oposição com a cabeça baixa e os cornos afiados. Esperava interpretar esse papel quando Julian Le Grand me pediu para contribuir com um comentário para o seu novo livro sobre a escolha nos serviços públicos, algo contra o qual tenho sido crítico em público e em privado.

Mas não posso. Espero que não seja somente a clareza dos argumentos de Le Grand e a amplitude dos dados que me tenham enfraquecido como o bandarilheiro enfraquece o touro. Uma carga impetuosa contra esta obra notável não é possível.

Porque concordo com Le Grand que as três formas tradicionais para pôr os serviços públicos a trabalhar – confiar nos profissionais, pressionar através da voz e o comando e controlo por objectivos – não são (em conjunto e separadamente) suficientes. Concordo que a escolha e a concorrência também têm um papel a desempenhar. E, acima de tudo, concordo que é necessário uma mistura de todos estes elementos; e tal é crucial para encontrar o equilíbrio adequado entre eles. Onde, no entanto, a nossa ênfase permanece diferente é que ele é (como académico e como consultor do governo) um defensor apaixonado da escolha, enquanto eu sou mais céptico.

Sou céptico em relação à escolha no sector privado, assim como no público. O mais frágil de todos os argumentos pró-escolha no sector público é o de que se as pessoas a têm quando compram num supermercado Tesco também a devem ter para escolas e hospitais. Na verdade, como mostra o académico americano Barry Schwartz, no seu polémico *The Paradox of Choice*, a escolha para os consumidores é muitas vezes causa de perplexidade e insatisfação. Schwartz cita dados que mostram, por exemplo, que quando se oferecem às pessoas alguns doces para provar, a maioria faz uma compra, mas se lhes oferecerem 30 ou mais, a maioria já não o faz.

Se tivesse de identificar uma única causa do mal-estar do Ocidente moderno, seria este. A nossa, como Anthony Giddens salientou, é a primeira geração a ver a vida como mais do que apenas um jogo com o destino. No entanto, fomos demasiado longe na direcção oposta, acreditando que podemos gozar de autonomia em tudo. A verdade é que a escolha é dispendiosa (uma vez que requer pesquisar informação) e muitas vezes desapontante (sentimo-nos mais zangados quando a escolha não funciona do que quando sofremos uma reviravolta do destino).

Existem dois argumentos-chave para a defesa da escolha. Um deles é o libertário: de que é algo intrinsecamente bom, dá prazer às pessoas e torna-as mais felizes. O outro é instrumental: o de que a escolha é uma forma de melhorar a eficiência e encorajar a inovação. Estes dois argumentos podem ser aplicados tanto no sector público como no sector privado. Sou mais favorável ao argumento instrumental do que ao libertário; e prefiro os alargamentos da escolha com base naquele aos baseados nos argumentos libertários.

Os opositores da escolha nos serviços públicos recorrem frequentemente a maus argumentos. Por exemplo, o filósofo político David Marquand, num enigmático livro, parece argumentar que algumas coisas são intrinsecamente públicas e, provavelmente, com um resultado moralmente superior. No outro lado do espectro, formou-se uma poderosa aliança de sindicatos que argumenta ostensivamente pela protecção dos serviços públicos, mas na prática defende os interesses dos trabalhadores que deles fazem parte. Le Grand dá pouca atenção a esses débeis argumentos. No entanto, embora aborde justamente um argumento que desenvolvi anteriormente sobre os defeitos da escolha ("Too much choice", *Prospect*, Dezembro de 2005), não lhe dá o peso que merece.

Em geral, suspeito das analogias com o sector público retiradas do funcionamento do sector económico do mercado. É verdade que o sector do mercado inclui a escolha, mas não a escolha ilimitada. Os consumidores no mercado confrontam-se com constrangimentos orçamentais – o seu rendimento – e uma série de preços. Os indivíduos que recebem serviços no sector público não enfrentam esse tipo de constrangimento orçamental. São livres de exigir mais de tudo – ao mesmo tempo que, se quiserem, se opõem a qualquer aumento de impostos para pagar por esse tudo. Tendo isto em conta, os argumentos do mercado não se aplicam directamente ao sector público; e os trabalhos da mão invisível de Adam Smith são, como tal, muito diferentes.

Mais especificamente, existem três defeitos de teoria económica no modelo da escolha. São as externalidades (de que as escolhas podem envolver altos custos ou benefícios para aqueles que não as fazem), o agenciamento (de que o modelo da escolha só funciona se a escolha for feita pelas próprias pessoas) e os custos da informação. Le Grand não os rejeita explicitamente, embora não lhes dê muita importância.

Um exemplo retirado deste livro demonstra o contrário. Le Grand assinala que tanto as classes médias como as classes operárias querem a escolha na educação. Então, a questão é esta: será que usaram essa escolha com objectivos diferentes? Por exemplo, a classe média pode querer que os seus filhos tenham sucesso na vida; a classe operária quer que sejam felizes na escola. Ou a classe média, na busca de uma escola melhor, pode estar preparada (sendo famílias com dois carros) para transportar os seus filhos mais longe do que a classe operária, que só tem um ou nenhum por família.

Le Grand concorda que existe "consideravelmente pouca" informação sobre os critérios usados pelos pais para fazer a sua escolha. Cita um estudo de Anne West e colegas da London School of Economics que sugere apenas algumas diferenças modestas entre classes no desejo dos pais de que os seus filhos avancem nos estudos. No entanto, há sempre o caso de que as crianças da classe média já tenham mais tendência a ficar em escolas com melhor desempenho do que as crianças da classe operária e é pelo menos possível que alargar a escolha venha exacerbar este diferencial.

Isto revela cabalmente dois dos defeitos económicos do modelo da escolha. Levanta o problema das externalidades. Ao fazer a sua escolha, o pai da classe operária inflige à sociedade dois custos externos: um PIB mais baixo (pois os seus filhos não terão tanto sucesso no mundo do trabalho) e menor mobilidade social (uma vez que não aspirarão a posições de classe média). Quanto ao agenciamento, também é dúbio, porque as pessoas estão a decidir pelos seus filhos. Os pais da classe média podem submeter os seus filhos à tortura mental e física chamada "colégio interno", na esperança de que isto signifique que sairão de lá equipados para se tornarem suficientemente ricos para os sustentar quando forem idosos.

A informação é um custo adicional. Se as pessoas estão doentes, será que querem passar os seus dias a pesquisar listas de especialistas tentando encontrar aquele com menos probabilidades de as matar na mesa de operações? Especialmente quando a informação é complexa e muitas vezes desadequada? Por exemplo, qualquer cirurgião é capaz de optimizar o seu currículo recusando operar os pacientes mais enfermos. Sim é verdade que os pacientes podem ser ajudados por conselheiros de escolha (na verdade, estes sempre existiram, mas costumavam chamar-lhes médicos de clínica geral). Isso poderá reduzir o custo da informação para o paciente, mas é um custo adicional que a sociedade, no seu todo, tem de suportar. E, tal como informa Schwartz, estudos americanos mostram que 65 por cento das pessoas dizem que querem escolher o seu tratamento se tiverem cancro mas só 12 por cento dos doentes cancerosos disseram querer a mesma liberdade.

Finalmente, e isso é a parte mais controversa do argumento, existe a questão da equidade. Os serviços públicos, como é defendido, são serviços públicos em grande parte porque os queremos distribuídos mais equitativamente que os rendimentos em geral. Não nos importamos que o plutocrata A possa comer mais caviar que o homem do lixo B, mas esperamos que o segundo tenha (pelo menos) quase o mesmo tipo de cuidados de saúde. No entanto, se for introduzida a escolha, muitos temem que as classes médias serão ajudadas a conseguir a parte de leão dos serviços públicos, como já fazem com os bens privados.

Na verdade, este argumento é habitualmente exagerado pelos críticos da escolha. Os mesmos assumem que os serviços públicos são igualitários sem examinarem adequadamente a prova; porque a prova sugere (para a saúde, para a educação) que as costas quentes da classe média estão a trabalhar muito bem com o sistema alegadamente equitativo que temos. Para um julgamento mais equilibrado, temos de examinar as provas, tal como elas são. Será que a introdução da escolha e concorrência neste sector contribui para o aumento ou para a redução da desigualdade na prestação do serviço? Se a reduz, trata-se de um preço que vale a pena pagar por uma maior eficiência e para manter uma base ampla de apoio político a bons serviços públicos?

Em teoria, existem mecanismos que podem corrigir quaisquer novas desigualdades criadas. Por exemplo, Le Grand propõe um plano para as crianças à guarda do Estado em que as escolas que as admitam recebem mais dinheiro público. Eu aplaudo a proposta por princípio, embora tenha as minhas dúvidas políticas: em geral, a discriminação positiva com base na utilização do dinheiro do Estado tende a não ser muito popular junto dos eleitores.

Nesta e noutras componentes da agenda da "escolha e concorrência", na prática, aquilo que parece sensato é uma política de experimentação cautelosa, de pilotagem constante e de pesquisa cuidada e escrupulosa. Tendo a prever que o aumento da escolha tenha um efeito desigualitário na educação e, como tal, usando o meu chapéu teórico e não o político, aplaudo a experiência de Brighton de alocar os lugares nas escolas à sorte, como sendo uma forma imaginativa de lidar com este problema. Penso que os pagamentos directos funcionam bem nos cuidados a longo prazo, que a escolha de um clínico geral pode melhorar os cuidados primários, mas que a escolha funciona mal na cirurgia electiva. Isto não são mais do que os preconceitos mais ou menos informados de uma pessoa. Só o tempo e a experiência dirão.

Entretanto, os proponentes da escolha devem continuar a ser fortes nos ataques aos argumentos patetas dos seus opositores, mantendo-se, ao mesmo tempo, modestos nas pretensões daquilo que a sua política alcançará. O actual governo está em perigo de estragar os esforços da reforma do sector público ao retratá-la como uma cruzada, entrando à bolina em território desconhecido sem as devidas cautelas e sem mapas bem organizados. Julian Le Grand serviu como consultor principal de Tony Blair e estou certo de que os seus memorandos para o chefe eram formulados na linguagem criteriosa que usa neste livro. Se assim é, não é culpa sua que as tendências messiânicas deste governo estejam à beira de arruinar um conjunto de políticas que tem muito para oferecer mas não é panaceia necessária.

Leituras recomendadas

Muita da literatura publicada nesta área assume a forma de artigos, dos quais os mais relevantes estão listados na bibliografia. Aqui listamos uns quantos livros e monografias fundamentais que podem ajudar o leitor que pretenda aprofundar alguns dos argumentos deste livro.

Alguns dos princípios gerais e análises subjacentes à tese do livro podem ser encontrados em Le Grand (2003). Entre os precursores importantes desse livro (e, por conseguinte, deste) estão Schultze (1977) e Pinker (1971, 1979).

Existem poucas obras generalistas especificamente sobre escolha e concorrência. As excepções são Lent e Arend (2004), que sintetiza de forma útil os principais argumentos a favor e contra a escolha e concorrência, e Prabhakar (2006), que inclui uma discussão proveitosa de formas alternativas de organização implicadas na prestação de serviço público.

Para os interessados na abordagem geral às reformas do serviço público do governo do Reino Unido, PMSU (2006b) traça uma boa visão panorâmica. Uma crítica útil a essa abordagem encontra-se em House of Commons Public Administration Select Committee Report (2005).

Sobre os cuidados de saúde, deve começar-se com o trabalho pioneiro sobre reformas dos sistemas públicos orientadas pelo mercado, como o Serviço Nacional de Saúde britânico: Alain Enthoven (1985, 1999, 2002). Como é salientado no corpo do livro, Propper *et al.* (2006) e Fotaki *et al.* (2006) analisam os dados sobre o impacto da escolha e concorrência. Gaynor (2006) e Van Buesekon *et al.* (2004) são bons locais para encontrar informação referente aos Estados Unidos e os poucos dados existentes sobre a Europa podem ser encontrados em Dixon e Thomson (2006). Farrington-Douglas e Allen (2005) proporciona uma visão geral dos tópicos referentes à equidade e à escolha. Spiers (2003) cobre terreno semelhante em partes do seu livro e é uma estimulante leitura sobre o tema. Podem encontrar-se boas análises sobre os argumentos e a informação geral referente à privatização do sector público em Vickers e Yarrow (1988) e sobre os hospitais em particular em Preker e Harding (2002). Para uma visão alternativa, ver Pollock (2005).

Gorard *et al.* (2003) fornece um excelente panorama dos debates sobre a escolha na educação. Williams e Rossiter (2004), PMSU (2006a) e Burgess *et al.* (2005) sintetizam a informação sobre a escolha de escolas. Wood discute os temas correlacionados com a escolha de escolas secundárias. Para uma visão alternativa dos argumentos neste livro, ver Crouch (2003).

Bibliografia

ABILDGAARD, J., e T. Vad. 2003. Can vouchers work for health? The Scandinavian experience. *Progressive Politics* 2:35-40.

ALVAREZ-ROSETE, A., G. Bevan, N. Mays e J. Dixon. 2005. Effect of diverging policy across the NHS. *British Medical Journal* 331:946-50.

ANDERSON, R., e D. Anderson. 1999. The cost-effectiveness of home birth. *Journal of Nurse-Midwifery* 44:30-35.

APPLEBY, J., e A. Alvarez-Rosete. 2005. Public response to NHS reform. Em *The British Social Attitudes Survey, 22nd Report*. Londres: Sage.

APPLEBY, J., A. Harrison e N. Devlin. 2003. *What Is the Real Cost of More Patient Choice?* Londres: Kings Fund.

AUDIT COMMISSION. 2004. *Choice in Public Services*. Londres: Audit Commission.

AUDITOR GENERAL FOR WALES. 2005. *NHS Waiting Times for Wales. Volume 2: Tackling the Problem*. Cardiff: National Audit Office Wales.

BERGSTRÖM, F., e M. Sandstrom. 2002. School vouchers in practice: competition won't hurt you. Working Paper 578(2002), Research Institute of Industrial Economics (IUI), Estocolmo.

BEVAN, G. e C. Hood. 2006. Have targets improved performance in the English NHS? *British Medical Journal* 332: 419-22.

—, (no prelo). What's measured is what matters: targets and gaming in the English public health care system. *Public Administration*.

BOSITIS, D. 1999. *National Opinion Poll – Education 1999*. Washington, DC: Joint Center for Political and Economic Studies.

BOWLES, S., e H. Gintis. 1998. Efficient redistribution: new rules for markets, states and communities, Em *Recasting Egalitarianism: New Rules for Communities, States and Markets* (ed. E. Olin Wright). Londres: Verso.

BRADLEY, S., e J. Taylor. 2002. The effect of the quasi-market on the efficiency ? equity trade-off in the secondary school sector. *Bulletin of Economic Research* 54:295-314.

BRADLEY, S., G. Johnes e J. Millington. 2001. The effect of competition on the efficiency of secondary schools in England. *European Journal of Operational Research* 135:545-68.

BURGESS, S., e A. Briggs. 2006. School assignment, school choice and social mobility. Centre for Market and Public Organisation, Discussion Paper DP 06/157. University of Bristol.

BURGESS, S., C. Propper e D. Wilson. 2005. *Will More Choice Improve Outcomes in Education and Health Care? The Evidence from Economic Research*. University of Bristol: The Centre for Market and Public Organisation.

BURGESS, S., B. McConell, C. Propper e D. Wilson. 2007. The impact of school choice on sorting by ability and socio-economic factors in English secondary education. Em *Schools and the Equal Opportunity Problem* (ed. L. Woessman e P. Peterson). Cambridge, MA: MIT Press.

CATON, H. 2006. The flat-pack patient? Creating health together. *Patient Education and Counseling* 62:288-89.

CENTRE FOR ECONOMIC PERFORMANCE. 2006. *The Depression Report*. London School of Economics.

CHAMBERLAIN, T., S. Rutt e F. Fletcher-Campbell. 2006. *Admissions: Who Goes Where? Messages from Statistics*. Slough: National Foundation for Educational Research.

CHATER, D., e J. Le Grand. 2006. *Looked After or Overlooked? Good Parenting and School Choice for Looked After Children*. Londres: Social Market Foundation.

COAST, J. 2001. Who wants to know if their care is rationed? Views of citizens and service informants. *Health Expectations* 4:243-52.

COULTER, A. 2002. *The Autonomous Patient: Ending Paternalism in Medical Care*. Londres: The Nuffield Trust.

COULTER, A., N. Le Maistre e L. Henderson. 2005. *Patients' Experience of Choosing where to Undergo Surgical Treatment – Evaluation of the London Patient Choice Scheme*. Oxford: Picker Institute.

CRILLY, T., e J. Le Grand. 2004. The motivation and behaviour of hospital trusts. *Social Science and Medicine* 58:1809-23.

CROUCH, C. 2003. *Commercialisation or Citizenship: Education Policy and the Future of Public Services*. Londres: Fabian Society.

CULLEN, J. B., B. Jacob e S. Levitt. 2000. The impact of school choice on student outcomes: an analysis of the Chicago public schools. NBER Working Paper 7888, National Bureau of Economic Research, Cambridge, MA.

DALE, S., R. Brown, B. Phillips, J. Schore e B. Lepidus Carlson. 2003. The effects of cash and counseling on personal care services and Medicaid costs in Arkansas. *Health Affairs* Novembro:566-75.

DAMIANI, M., J. Dixon e C. Propper. 2005. Mapping choice in the NHS: cross--sectional study of analysis of routinely collected data. *British Medical Journal* 330:284.

DAWSON, D., R. Jacobs, S. Martin e P. Smith. 2004. Evaluation of the London

Patient Choice Project: system-wide impacts. Final Report. Report of the Centre for Health Economics, University of York.

DENHAM, C., e I. WHITE. 1998. Difference in urban and rural Britain. *Population Trends* 91:23-34.

DEPARTMENT FOR EDUCATION AND SKILLS. 2001. *Statistics of Education: Public Examinations* GCSE/GNVQ and GCE/AGNVQ in England 2000. Londres: Department for Education and Skills (ver www.dfes.gov.uk/rsgateway/ DB/VOL/v000279/vol02-2001.pdf).

DEPARTMENT FOR EDUCATION AND SKILLS. 2005. *Higher Standards: Better Schools for All. More Choice for Parents and Pupils* (CM 6677). Londres: TSO.

—, 2006a. *Care Matters: Transforming Lives of Children and Young People in Care* (CM 6932). Londres: TSO.

—, 2006b. *GCSE and Equivalent Results and Associated Value Added Measures in England, 2004/05 (Final)*. Londres: Department for Education and Skills (ver www.dfes.gov.uk/rsgateway/DB/SFR/s000664).

DEPARTMENT OF HEALTH. 2003. *Building on the Best: Choice, Responsiveness and Equity in the NHS*. Londres: TSO.

—, 2005a. *Chief Executive's Report to the NHS: December 2005*. Londres: Department of Health.

—, 2005b. *Expert Patients Programme: Internal Evaluation*. Londres: Department of Health (ver www.expertpatients.nhs.uk/public/cms/uploads/evaluation% 20headlines%20140605%20?nal.pdf).

—, 2005c. *Independence, Well-Being and Choice: Our Vision for the Future of Adult Social Care in England. The Social Care Green Paper*. Londres: TSO.

—, 2006. *Better Care for Patients: ISTCs – The Story So Far*. Londres: Department of Health.

DIAMOND, P. 2006. *Efficiency, Public Virtue and the Delivery of World-Class Public Services*. Londres: Policy Network.

DISNEY, R., J. Haskel e Y. Heden. 2003. Restructuring and productivity growth in UK manufacturing. *Economic Journal* 113:666-94.

DIXON, A., e J. Le Grand. 2006. Is greater patient choice consistent with equity? The case of the English NHS. *Journal of Health Services Research and Policy* 11:162-66.

DIXON, A., e S. THOMSON. 2006. Choices in health care: the European experience. *Journal of Health Services Research and Policy* 11:167-71.

DIXON, A., J. Le Grand, J. Henderson, R. Murray e E. Poliakoff. 2003. Is the NHS equitable? LSE Health and Social Care Discussion Paper 11, London School of Economics.

DIXON, A., J. Le Grand, J. Henderson, R. Murray e E. Poliakoff. A Publicar. Is the British National Health Service equitable? The evidence on socio-economic differences in utilisation. *Journal of Health Services Research and Policy*, no prelo.

ENTHOVEN, A. C. 1985. *Reflections on the Management of the National Health Service: An American Looks at Incentives to Efficiency in Health Services Management in the UK*. Londres: Nuffield Provincial Hospitals Trust.

—, 1999. *In Pursuit of an Improving National Health Service*. Londres: The Nuffield Trust.

—, 2002 *Introducing Market Forces into Health Care: A Tale of Two Countries*. Londres: The Nuffield Trust.

—, 2006. Connecting consumer choice to the healthcare system. *Journal of Health Law* 39:289-305.

FARRINGTON-DOUGLAS, J., e J. Allen. 2005. *Equitable Choices*. Londres: Institute for Public Policy Research.

FISKE, E. B., e H. F. Ladd. 2000. *When Schools Compete: A Cautionary Tale*. Washington, DC: Brookings Institute Press.

FOSTER, L., R. Brown, B. Phillips, J. Schore e B. Lepidus Carlson. 2003. Improving the quality of Medicaid personal assistance through consumer direction. *Health Affairs* (exclusivo na *web*) W3:162-75 (ver http://content.healthaffairs.org/cgi/reprint/hlthaff.w3.162v1.pdf, acedido a 28 Setembro 2006).

FOTAKI, M., A. Boyd, L. Smith, R. McDonald, A. Edwards, G. Elwyn, M. Roland e R. Sheaff. 2006. *Patient Choice and the Organisation and Delivery of Health Services: Scoping Review*. Report for the National Co-ordinating Centre for NHS Service Delivery Organisation (NCCSDO). Londres: SDO.

GAYNOR, M. 2006. What do we know about competition and quality in healthcare markets. NBER Working Paper 12301. Cambridge, MA: National Bureau of Economic Research.

GENERAL MEDICAL COUNCIL. 2006. Duties of a Doctor. Londres: General Medical Council.

GIBBONS, S., e S. Machin. 2005. Paying for primary schools: supply constraints, popularity or congestion. Comunicação apresentada na Royal Economic Society Annual Conference, University of Nottingham.

GIBBONS, S., e O. Silva. 2006. *Faith Primary Schools: Better Schools or Better Pupils?* Londres: Centre for Economic Performance, London School of Economics and Political Science.

GIBBONS, S., S. Machin e O. Silva. 2006. *Competition, Choice and Pupil Achievement*. Londres: Centre for the Economics of Education, London School of Economics and Political Science.

GLASBY, J. A Publicar. *Understanding Health and Social Care*. Bristol: Policy Press.

GLASBY, J., e F. Hasler. 2004. A healthy option? Direct payments and the implications for health care. Discussion Document, National Centre for Independent Living and the University of Birmingham Health Service Management Centre.

GLASBY, J., e R. Littlechild. 2002. *Social Work and Direct Payments*. Bristol: Policy Press.
GLENDINNING, C., S. Halliwell, S. Jacobs, K. Rummery e J. Tyrer. 2000. Bridging the gap: using direct payments to purchase integrated care. *Health and Social Care in the Community* 8:192-200.
GOODWIN, N. 1998. GP fund-holding. Em *Learning from the NHS Internal Market* (ed. J. Le Grand, N. Mays and J.-A. Mulligan). Londres: Kings Fund.
GORARD, S., J. Fitz e C. Taylor. 2003. *Schools, Markets and Choice Policies*. Londres: RoutledgeFalmer.
GREENE, J. P., e M. A. Winters. 2004. Competition passes the test. *Education Next* 4:66-71.
HANNAH, G., C. Dey e D. Power. 2006. Trust and distrust in network-style organisation: GPs' experiences and views of a Scottish local healthcare co-operative. *Accounting Forum* 30:377-88.
HASLER, F. 2003. *Clarifying the Evidence on Direct Payments into Practice*. Londres: National Centre for Independent Living (NCIL).
HAUCK, K. e A. Street. A Publicar. Do targets matter? A comparison of English and Welsh national health priorities. *Health Economics*, no prelo.
HIBBARD, J. 2003. Engaging healthcare consumers to improve the quality of care. *Medical Care* 41 (Supplement):I-61–I-70.
HIBBARD, J. e E. Peters. 2003. Supporting informed consumer health decisions: data presentation approaches that facilitate the use of information in choice. *Annual Review of Public Health* 24:413-33.
HIRSCHMAN, A. 1970. Exit, Voice and Loyalty. Cambridge, MA: Harvard University Press.
HOUSE OF COMMONS PUBLIC ADMINISTRATION SELECT COMMITTEE. 2005. *Choice, Voice and Public Services* (HC 49-1). Londres: TSO.
HOXBY, C. M. 1994. Do private schools provide competition for public schools? NBER Working Paper 4978, National Bureau of Economic Research, Cambridge MA.
—, 2002. How school choice affects the achievement of public school students. Em *Choice with Equity* (ed. P. Hill). Stanford, CA: Hoover Press.
—, 2003. School choice and school productivity (or, is school choice a rising tide that lifts all boats?). Em *The Economic Analysis of School Choice* (ed. C. M. Hoxby). University of Chicago Press.
—, 2005. Competition among public schools: a reply to Rothstein (2005). NBER Working Paper 11216, National Bureau of Economic Research, Cambridge, MA.
HUGHES-HALLET, T. 2005. At home, with cats, kids and morphine. *The Guardian*, 7 de Julho.
JOSEPH, C., H. Lowry, J. Rafferty, S. Barber e V. Dseagu. 2006. *Supporting Patient Choice: Learning from Stakeholders*. Manchester: NHS Northwest Strategic

Health Authority and the Council for Ethnic Minority Voluntary Sector Organisations.
JOSEPH ROWNTREE FOUNDATION. 2004. *Making Direct Payments Work for Older People*. York: Joseph Rowntree Foundation.
KENNEDY, A., C. Gately, A. Rogers e the EPP Evaluation Team. 2005. *Process Evaluation of the EPP Report II: Examination of the Implementation of the Expert Patients Programme within the Structure and Locality Contexts of the NHS in England (PREPP Study)*. Manchester: National Primary Care Research and Development Centre.
KLEIN, R. 2005. The great transformation. *Health Economics, Policy and Law* 1:91-98 (reeditado na edição de bolso de 2006 de Le Grand, 2003).
LAMONT, E., D. Hayreh, K. Pickett, J. Dignam, M. List, K. Stenson, D. Harat, B. Brockstein, S. Sellargren e E. Vokes. 2003. Is patient travel distance associated with survival on phase II clinical trials in oncology? Journal of the National Cancer Institute 95:1370-75.
LAUDER, H. e D. Hughes. 1999. *Trading in Futures: Why Markets in Education Don't Work*. Filadélfia, PA: Open University Press.
LEECE, J. e J. Bornat (ed.). 2006. *Developments in Direct Payments*. Bristol: The Policy Press.
Le GRAND, J. 1984. Equity as an economic objective. *Journal of Applied Philosophy* 1:39-51.
—, 1989. Markets, equality and welfare. Em *Market Socialism* (ed. J. Le Grand e S. Estrin). –, Oxford University Press.
—, 1991. *Equity and Choice: An Essay in Economics and Applied Philosophy*. Londres: Harper Collins Academic.
—, 2002. The Labour Government and the National Health Service. *Oxford Review of Economic Policy* 18:137-53.
—, 2003. *Motivation, Agency and Public Policy: Of Knights and Knaves, Pawns and Queens*. Oxford University Press (edição de bolso publicada em 2006).
LE GRAND, J. e W. Bartlett (ed.). 1993. *Quasi-Markets and Social Policy*. Houndmills: Macmillan.
LE GRAND, J., N. Mays e J.-A. Mulligan (ed.). 1998. *Learning from the Internal Market: A Review of the Evidence*. Londres: Kings Fund.
LENT, A. e N. Arend. 2004. *Making Choices: How Can Choice Improve Local Public Services?* Londres: New Local Government Network.
LEVAÃIÇ, R. 2004. Competition and the performance of English secondary schools: further evidence. *Education Economics* 12:177-93.
LEVETT, R., com I. Christie, M. Jacobs e R. Therivel. 2003. *A Better Choice of Choice*. Londres: Fabian Society.
LEWIS, R., A. Alvarez-Rosete e N. Mays. 2006. *How to Regulate Health Care in England: An International Perspective*. Londres: Kings Fund

BIBLIOGRAFIA

LIPSEY, D. 2005. Too much choice. *Prospect* 117 (Dezembro).

MACHIN, S. e S. McNally. 2004. *The Literacy Hour*. Londres: Centre for the Economics of Education.

MARQUAND, D. 2004. *Decline of the Public: The Hollowing Out of Citizenship*. Cambridge: Polity Press.

MARSHALL, M., P. Shekelle, S. Leatherman e R. Brook. 2000. The public release of performance data. What do we expect to gain? A review of the evidence. *Journal of the American Medical Association* 283:1866-74.

MARTIKAINEN, T. e S. Frediksson. 2006. Vaalit ja politiikka ['Eleições e Política']. Cidade de Helsínquia, Urban Facts. Research Publications 5/2006. Helsínquia.

MAYER, R., J. Davis e F. Schoorman. 1995. An integrative model of organizational trust. *Academy of Management Review* 20:709-34.

MILLIGAN, C., C. Woodcock e A. Burton. 2006. *Turning Medicaid Beneficiaries into Purchasers for Health Care: Critical Success Factors for Medicaid Consumer-Directed Purchasing*. Washington, DC: Academy Health.

MORI. 2005. Inquérito a 2000 adultos na Grã-Bretanha 18+. Londres: IPSOS MORI.

NATIONAL BIRTHDAY TRUST. 1997. *Home Births – The Report of the 1994 Confidential Enquiry*. Carnforth: Parthenon.

NHS CONFEDERATION. 2003. *Fair for All, Personal to You: The NHS Confederation Response to the Choice Consultation*. Londres: NHS Confederation.

NODEN, P., A. West, M. David e A. Edge. 1998. Choices and destinations at transfer to secondary schools in London. *Journal of Education Policy* 13:221-36.

O'SHAUGHNESSY, J. e C. Leslie. 2005. *More Good School Places*. Londres: Policy Exchange.

PAGE, B.. 2004. The impact on public expectation. Em *Patient Power: The Impact of Patient Choice on the Future NHS* (ed. M. Mythen e T. Coffey). Londres: New Health Network.

PALMER, K. 2005. *How Should We Deal with Hospital Failure: Facing the Challenges of the New NHS Market*. Londres: Kings Fund.

P?ZER/Mori Health Choice Index. 2005. Public opinion on choice in out of hospital care (Dezembro 2005; ver www.ipsos-mori.com/polls/2005/pdf/hci051028.pdf).

PINKER, R. 1971. *Social Theory and Social Policy*. Londres: Heinemann.

—, 1979. *The Idea of Welfare*. Londres: Heinemann.

—, 2006. From gift relationships to public policy: an odyssey along the policy paths of altruism and egoism. *Social Policy and Administration* 40:10-25 (reeditado na edição de bolso de 2006 de Le Grand, 2003).

POLLOCK, A. 2005. *NHS plc: The Privatisation of Our Health Care*. Londres: Verso.

PORTER, M. e E. Teisberg. 2006. *Redefining Health Care: Creating Value-Based Competition on Results*. Boston, MA: Harvard Business School Press.

PRABHAKAR, R. 2006. *Rethinking Public Services*. Houndmills: Palgrave Macmillan.
PREKER, A. e A. Harding. 2002. *Innovations in Health Service Delivery: The Corporatization of Public Hospitals*. Washington, DC: World Bank Publications.
PRIME MINISTER'S STRATEGY UNIT (PMSU). 2005. *Improving the Life Chances of Disabled People*. Londres: PMSU.
PRIME MINISTER'S STRATEGY UNIT (PMSU). 2006a. *School Reform: A Survey of Recent International Experience*. Londres: PMSU.
—, 2006b. The UK government's approach to public service reform. Documento para Discussão, PMSU.
PROPPER, C., S. Burgess e K. Green. 2004. Does competition between hospitals improve the quality of care? Hospital death rates and the NHS internal market. *Journal of Public Economics* 88:1247-72.
PROPPER, C., D. Wilson e S. Burgess. 2006. Extending choice in English health care: the implications of the economic evidence. *Journal of Social Policy* 35:537-57.
RAHAM, H. 2002. *Decentralization and Choice in Sweden's School System: Policy Lessons for Canada*. Kelowna, BC: Society for the Advancement of Excellence in Education.
RANKIN, J. 2005. A good choice for mental health. Mental Health in the Mainstream, Working Paper 3, Institute for Public Policy Research, Londres.
ROTHSTEIN, J. 2005. Does competition among public schools benefit students and taxpayers? A comment on Hoxby.
NBER Working Paper 11,215, National Bureau of Economic Research, Cambridge, MA.
SCHEFFLER, R. 1989. Adverse selection: the Achilles heel of the NHS reforms. *The Lancet* 1:950-52.
SCHULTZE, C. 1977. *The Private Use of Public Interest*. Washington, DC: Brookings Institution.
SCHWAPPACH, D. e C. Koeck. 2004. Preferences for disclosure: the case of bedside rationing. *Social Science and Medicine* 59:1891-97.
SCHWARTZ, B. 2004. *The Paradox of Choice: Why More is Less*. Nova Iorque: HarperCollins.
SMITH, A. 1776/1964. *The Wealth of Nations*, Everyman's Library. Londres: Dent.
SÖDERSTRÖM, M. e R. Uusitalo. 2005. School choice and segregation: evidence from an admissions reform. Working Paper 2005:7, Institute for Labour Market Policy Evaluation (IFAU) (ver www.ifau.se/upload/pdf/se/2005/wp05-07.pdf, acedido a 28 de Setembro de 2006).
SPIERS, J. 2003. *Patients, Power and Responsibility*. Abingdon: Radcliffe Medical Press.
STEVENS, S. 2004. Reform strategies for the English NHS. *Health Affairs* 23:37-44.
SUTTON TRUST. 2005. *No More School Run*. Londres: Social Market Foundation, Policy Exchange, Sutton Trust.

SWEDISH NATIONAL AGENCY OF EDUCATION. 2003. School choice and its effects in Sweden: a summary. Report 230, Lenanders Grafiska AB, Kalmar.
TAYLOR, D. 2004. *Valuing Choice: Dying at Home*. Londres: Marie Curie Cancer Care.
THOMAS, S. e R. Oates. 2005. *The Parent Factor Report Four: Access to Education*. Auckland: The Maxim Institute.
TITMUSS, R. 1997. *The Gift Relationship* (nova edição coordenada por A. Oakley and J. Ashton). London School of Economics. (Primeira edição publicada em 1970.)
TOMKINS, C. 2001. Interdependencies, trust and information in relationships, alliances and networks. *Accounting Organisations and Society* 26:161-91.
TURNER, G.-M. 2005. *Consumerism in Health Care: Early Evidence Is Positive*. Alexandra, VA: The Galen Institute.
VAN BEUSEKON, I., S. Tonshoff, H. De Vries, C. Spreng e E. B. Keeler. 2004. *Possibility or Utopia? Consumer Choice in Health Care: A Literature Review*. Santa Monica, CA: RAND.
VICKERS, J. e G. Yarrow. 1988. *Privatization: An Economic Analysis*. Cambridge, MA: MIT Press.
WASLANDER, S. e M. Thrupp. 1995. Choice, competition and segregation: an empirical analysis of a New Zealand secondary education market 1990-1993. *Journal of Education Policy* 10:1-26.
WEALE, A. 1983. *Political Theory and Social Policy*. Londres: Macmillan.
WEST, A. e A. HIND. A publicar. School choice in London, England: characteristics of students in different types of schools. *Peabody Journal of Education*, no prelo.
WEST, A. e H. Pennell. 2003. *Underachievement in Schools*. Londres: Routledge Falmer.
WEST, A., A. Hind e H. Pennell. 2004. School admissions and 'selection' in comprehensive schools: policy and practice. *Oxford Review of Education* 30:347-69.
WHICH? 2005. Choice: can the government's choice agenda deliver for consumers (ver www.which.co.uk/files/application/pdf/0503choice_rep-445-55216.pdf, acedido a 28 Setembro de 2006).
WILLIAMS, J. e A. Rossiter (ed.). 2004. *Choice: The Evidence*. Londres: Social Market Foundation.
WITCHER, S., K. Stalker, M. Roadburg e C. Jones. 2000. Direct payments; the impact on choice and control for disabled people. Central Research Unit, Scottish Executive (ver www. scotland.gov.uk/cru/documents/dpdp-00.asp, acedido a 28 de Setembro de 2006).
WITTE, J. 1997. Achievement effects of the Milwaukee Public School Voucher Program. Comunicação apresentada no *The American Economics Association Annual Meeting*, 3-6 de Janeiro de 1997 (ver http://dpls.dacc.wisc.edu/choice/aea97.html, acedido a 28 de Setembro de 2006).
WOOD, C. 2005. *Making Choice a Reality in Secondary Education*.

Notas

(¹) Residência oficial do primeiro-ministro e sede do governo britânico (N.T.).
(²) Existe um problema específico com as consequências que passa pelo facto de, muitas vezes, ser difícil atribuir a melhoria a determinada consequência (como na saúde de um paciente) de uma componente específica do serviço público (como o decurso de um tratamento médico). Porque a consequência pode, em grande medida, estar relacionada com uma variedade de factores que não são controláveis pelos prestadores de serviço em causa (como os próprios poderes de recuperação do paciente). Esta é uma das razões pelas quais os prestadores de serviços e quem elabora as políticas, embora publicamente se mostrem favoráveis à importância das consequências, na prática dediquem mais atenção aos factores mais controláveis pelo serviço, como os inputs, os processos e os outputs.
(³) A definição é de *O Leque de Lady Windermere*, Acto III.
(⁴) A importância deste princípio neste contexto foi trazida à minha atenção por Rudolf Klein – ver Klein (2005), reimpresso na edição em capa mole de 2006 de Le Grand (2003).
(⁵) Ver Le Grand (1984, 1991) para um desenvolvimento completo deste argumento.
(⁶) Há aqui a questão óbvia de saber se o comportamento guiado por estas preocupações mais egocêntricas pode ser considerado cavalheiresco ou altruísta. De facto, há a questão ainda mais geral de saber se alguma forma de comportamento pode ser guiada pelo verdadeiro altruísmo, já que mesmo quando as pessoas se comportam altruisticamente estão a fazê-lo presumivelmente porque querem e, como tal, estão a satisfazer algum interesse próprio. A resolução deste assunto está para lá do nosso objecto de estudo aqui; aprofundo o tema em Le Grand (2003, pp. 27, 28).
(⁷) *Statistical Bulletin of the Department for Education and Skills:* National Curriculum Assessments para sete, onze e catorze anos, vários anos.
(⁸) Tem havido muita discussão sobre se este aumento reflecte uma genuína melhoria nos padrões. Ver, por exemplo, West e Pennell (2003).

(⁹) No Reino Unido os conselhos de administração dos hospitais incluem directores não-executivos nomeados pelas autoridades municipais (N.E.)
(¹⁰) Ver Le Grand e Bartlett (1993) para uma discussão mais aprofundada do termo "quase-mercados" e da sua natureza.
(¹¹) Associação de defesa do consumidor britânica (N.E.).
(¹²) É irritante que tenha sido fornecidos muito poucos detalhes sobre este estudo, incluindo as questões colocadas ou as pessoas que responderam às diferentes perguntas.
(¹³) Ver www.ipsos-mori.com/polls/2005/pdf/bbcsha-public.pdf.
(¹⁴) "A escolha é uma obsessão das classes médias suburbanas. Mas quando algumas famílias escolhem, as restantes aceitam o que sobra. E as restantes são sempre as mais desfavorecidas e sem posses." Roy Hattersley, "Agitators will inherit the earth", *The Guardian*, 17 de Novembro de 2003.
(¹⁵) Ver Diamond (2006) para uma interessante discussão sobre o motivo pelo qual a BBC é relativamente tão bem sucedida.
(¹⁶) Ver www.ipsos-mori.com/polls/2005/pdf/bbcsha-public.pdf.
(¹⁷) Programme for International Student Assessment (PISA), 2000 (ver www.oecd.org/pisa).
(¹⁸) Para uma crítica a parte do trabalho de Hoxby, ver Rothstein (2005), e para uma refutação (convincente) de Rothstein, ver Hoxby (2005).
(¹⁹) Em parte do trabalho original sobre quase-mercados, Will Bartlett e eu especificámos duas outras condições para os quase-mercados funcionarem bem: custos baixos de transacção e os prestadores estarem, pelo menos em parte, motivados financeiramente (Le Grand e Bartlett, 1993, capítulo 2). A maior parte dos custos de transacção em quase-mercados educativos envolve indicadores para contabilizar o custo real dos serviços que provavelmente seriam criados em qualquer modelo de prestação de serviço público no caso de não existirem já. As questões de motivação são discutidas em capítulos anteriores (ver também Le Grand, 2003, especialmente o epílogo).
(²⁰) Estou grato a Geoffrey Brennan por sugerir esta possibilidade.
(²¹) Outras abordagens úteis sobre os assuntos levantados neste capítulo estão incluídas em Stevens (2004) e Farrington-Douglas e Allen (2005).
(²²) Pode ser tão baixo como um por cento de todos atendimentos (cinco por cento dos atendimentos de ambulância): cifras retiradas de www.chrisgrayling.net/hospital/20040520_workingpaper6.htm, acedido a 7 de Janeiro de 2007.
(²³) Ver Burgess *et al.* (2005) e também Propper *et al.* (2006). Também Gaynor (2006) disponibiliza uma análise útil para o caso dos EUA e Fotaki *et al.* (2006) para o Reino Unido.
(²⁴) Para uma crítica útil das principais características do sistema dos EUA, mas cujas conclusões diferem em alguns aspectos das referidas aqui, veja os traba-

NOTAS

lhos do economista da Harvard Business School, Michael Porter; o mais recente é Porter e Teisberg (2006).

([25]) Ver Stevens (2004) e Le Grand (2002) para uma abordagem à evolução da política britânica em relação ao SNS nos primeiros anos do governo trabalhista.

([26]) Dixon *et al.* (em publicação) é uma versão mais curta desta referência.

([27]) Para sugestões específicas no contexto do SNS britânico, ver Farrington--Douglas e Allen (2005).

([28]) Estes grupos têm actualmente direito a transporte (não urgente) para si e, se for considerado necessário sob o ponto de vista médico, para os seus acompanhantes.

([29]) Departamento de Saúde, comunicação pessoal.

([30]) Os primeiros ciclos de centros de tratamento do sector privado mencionados acima tinham os dois tipos de ajuda: um preço que era em média 11 por cento superior ao preço padrão do SNS e um contrato garantido. No entanto, nenhuma destas formas de ajuda foi oferecida nos ciclos posteriores.

([31]) Para um útil estudo comparativo da regulamentação em diferentes países, ver Lewis *et al.* (2006).

([32]) A terminologia não lucrativa/lucrativa, embora amplamente utilizada, é ligeiramente enganadora. Os dois tipos de organização produzem lucros (ou tentam fazê-lo); as não lucrativas, no entanto, não distribuem os seus lucros a accionistas ou qualquer outro tipo de proprietário, reinvestindo-os na sua actividade.

([33]) Ver também Farrington-Douglas e Allen (2005) para uma abordagem prática sobre como podem ser satisfeitas as necessidades de informação de determinados grupos de pessoas com deficiências.

([34]) Esta secção e outras passagens deste capítulo baseiam-se em Dixon e Le Grand (2006). Agradeço a Anna Dixon por me ter permitido usar o material aqui.

([35]) Para outras discussões sobre esta ideia ver Spiers (2003, capítulo 12), Glasby (a publicar) e Leece e Bornat (2006).

([36]) "Pagamentos directos" é um termo insatisfatório de diversas formas: não é muito descritivo da política concreta (os pagamentos não são sempre directos e em alguns casos pode nem sequer envolver pagamentos) e pode ser confundido com outras políticas do governo (tal como o pagamento de pensões de velhice através de contas bancárias em vez das estações de correio). No entanto, mantemo-lo aqui dado que é o termo usado habitualmente para descrever o plano.

([37]) Ambas as citações foram fornecidas pelo Departamento de Saúde a partir dos seus registos dedicados à consulta sobre a escolha.

([38]) Para uma crítica às CPS ver Enthoven (2006); para uma opinião mais positiva ver Turner (2005).

(³⁹) Para mais informação relacionada com esta e outras iniciativas actuais orientada para o aumento do envolvimento, e controlo, do paciente no seu próprio caso, ver Caton (2006).

(⁴⁰) Esta ideia foi desenvolvida de forma independente por mim e por Alistair Pettigrew, director dos Serviços da Criança de Lewisham, posteriormente, os dois trabalhámos juntos para desenvolver a proposta. Esta secção é baseada num artigo que eu e ele escrevemos para o *The Guardian* e estou-lhe muito grato por me ter permitido usar algum desse material aqui.

(⁴¹) Tive dificuldade em decidir sobre os termos apropriados a utilizar aqui. Há uma proliferação de rótulos possíveis para o que era conhecido como esquerda ou centro-esquerda, incluindo a social-democracia, o New Labour, progressista e (na terminologia dos EUA) liberal. Da mesma forma, na direita ou no centro-direita, assim como existem os conservadores à moda antiga, existem democratas-cristãos, neoliberais e neoconservadores. Naquilo que se segue, usei os termos esquerda social-democrata de uma forma ampla para incluir os progressistas, o New Labour e, claro, os sociais-democratas (e até os socialistas), e conservadores para incluir todos os equivalentes na direita. Ainda que isto implique, inevitavelmente, uma simplificação excessiva, existe o suficiente em comum nas perspectivas dos grupos discutidos aqui para justificar estas categorizações.

(⁴²) Digo "quase" exclusivamente porque, mesmo para os sociais-democratas, o termo pode ter conotações positivas em determinados contextos. Uma "cidade--mercado", por exemplo, é habitualmente considerada um lugar atractivo para viver.

(⁴³) Embora alguns se mantenham afeiçoados ao planeamento central – uma componente do comando e controlo.

(⁴⁴) Para uma descrição completa destas reformas ver Le Grand e Bartlett (1993, capítulo 1).

(⁴⁵) Professor Marriner S. Eccles (Emérito) de Gestão Pública e Privada na Graduate School of Business da Universidade de Stanford.

(⁴⁶) Lorde David Lipsey é membro dos Trabalhistas e preside à Social Market Foundation.